**글 사회평론 과학교육연구소**
대학에서 오랫동안 과학을 연구한 전문가들이 모여, 우리 아이들이 쉽고 재미있게 공부할 수 있는 책을 만들고 있습니다.

**글 설정민** (사회평론 과학교육연구소 연구원)
서울대학교 생물학과를 졸업하고 같은 대학교 대학원에서 석사 학위를 받은 뒤 박사 과정을 수료하였습니다. 아이에게 과학을 쉽고 재미있게 얘기해 주려 노력하다 보니 어린이를 위한 책을 만드는 일에도 관심을 가지게 되었습니다. 현재 사회평론 과학교육연구소 연구원으로 과학책을 만들고 있습니다.

**글 김형진** (사회평론 과학교육연구소 연구원)
연세대학교 천문대기과학과를 졸업하고 같은 대학교 대학원에서 석사, 박사 학위를 받았습니다. 과학자를 꿈꾸는 아이들에게 올바른 과학 개념과 과학적 태도를 함께 키울 수 있는 방법을 전달하기 위해 노력하고 있습니다. 현재 사회평론 과학교육연구소 연구원으로 과학책을 만들고 있습니다.

**글 이명화** (사회평론 과학교육연구소 연구원)
서울대학교 물리교육과를 졸업하고 같은 대학교 대학원에서 석사, 박사 학위를 받았습니다. 10여 년간 중학교에서 과학을 가르쳤으며, 미국 아리조나 주립대에서 물리학으로 박사 학위를 받고 독일, 미국, 영국에서 연구원으로 근무하였습니다. 쉽고 재미있는 과학책을 쓰는 일에 관심을 갖고 있으며, 현재 사회평론 과학교육연구소 연구원으로 과학책을 만들고 있습니다.

**그림 조현상** (매드푸딩스튜디오)
미국 필라델피아에서 U-Arts를 졸업했습니다. 한국과 미국에서 동화, 일러스트레이션, 만화 등 다양한 작업을 하고 있습니다.
mad-pudding.com | instagram.com/madpuddingstudio

**그림 김지희**
만화가이자 일러스트레이터로 활동하고 있습니다. 그린 책으로《드래곤빌리지 학습도감 13 : 해적앵무》,《난생 처음 한번 공부하는 미술 이야기 5》,《난생 처음 한번 공부하는 미술 이야기 6》등이 있습니다.

**그림 전성연**
대학교에서 그래픽디자인을 전공했고, 현재 직장을 다니며 일러스트 작업을 하고 있습니다.

**감수 박재근**
서울대학교 생물교육과를 졸업하고 같은 대학교 대학원에서 과학교육 전공으로 석사, 박사 학위를 받았습니다. 생물교육과 환경교육을 주로 연구하고 있으며, 중학교, 고등학교 교사를 거쳐 현재 경인교육대학교 과학교육과 교수로 재직 중입니다. 2015 개정 교육과정의 중학교 과학교과서, 초등학교 과학교과서를 함께 저술하였습니다.

**캐릭터 이우일**
홍익대학교에서 시각디자인을 공부한 만화가입니다. 그림책 작가인 아내 선현경, 딸 은서, 고양이 카프카와 함께 그림을 그리고 글을 쓰며 살고 있습니다. 지은 책으로《우일우화》,《옥수수빵파랑》,《좋은 여행》,《고양이 카프카의 고백》등이 있고, 그린 책으로《노빈손》시리즈,《용선생의 시끌벅적 한국사》시리즈,《교양으로 읽는 용선생 세계사》시리즈 등이 있습니다.

# 용선생의 과학교실

**시끌벅적**

자극과 반응

글 **사회평론 과학교육연구소** | 그림 **조현상·김지희·전성연** | 감수 **박재근** | 캐릭터 **이우일**

## 일찍 자면 쑥쑥 키가 크는 까닭은?

사회평론

## 프롤로그

여러분, 안녕? 과학반을 맡은 용선생이야. 내 명성은 익히 들어 봤겠지? 역사반과 세계사반을 모두 훌륭하게 성공시키며 방과 후 교실 최고의 인기 교사가 된 그 용선생이란다. 교장 선생님께서 특별히 부탁하셔서 이번에는 과학반을 맡게 되었어. 어찌나 사정을 하시던지 도무지 거절할 수가 없었지 뭐야. 그래서 이 몸이 깜짝 놀랄 수업을 준비했단다.

우리의 수업은 언제나 질문과 함께 출발해. 세상을 둘러보다가 누군가 "저건 왜 그래요?" 하고 질문하면 바로 그 순간 수업이 시작되는 거지. 이제부터 용선생의 시끌벅적 과학교실을 제대로 즐기는 방법을 하나씩 알려 줄게.

첫째, 과학반 친구들과 함께 호기심을 갖고 질문해 봐. 과학을 어렵게만 생각하지 말고, 매 교시마다 아이들이 어떤 호기심을 가지는지 관심을 가져 봐. 과학반 친구들과 함께 '왜 그럴까?', '어떻게 알아낼 수 있을까?' 고민하다 보면 어렵던 과학도 쉽게 느껴질 거야.

둘째, 어려운 내용은 사진과 그림으로 이해해 봐. 어려운 과학 개념과 원리를 한 장의 사진이나 그림을 통해 단숨에 이해할 수도 있어. 그래서 너희를 위해 사진과 그림을 많이 준비했단다. 글을 읽다가 어렵다 싶으면 옆에 있는 사진과 그림을 봐. 잘 이해되지 않던 내용이 틀림없이 술술 이해될 거야.

셋째, 배운 내용을 되새기며 머릿속에 정리해 봐. 왁자지껄한 수업을 마치고 나면 뭘 배웠는지 정리가 안 될 때도 있을 거야. 그럴 때를 대비해 중간중간 핵심 정리를 준비했어. 또 배운 내용을 4컷 만화로 재미있게 요약해 두었지. 게다가 교시가 끝날 때마다 나선애의 정리노트도 마련했단다. 이 정도면 학습 정리는 문제없겠지?

과학은 분야도 다양하고 배울 내용도 아주 많아. 쉽게 이해할 수 있는 부분도 있지만, 여러 번 곰곰이 생각해 봐야 알 수 있는 부분도 있지. 이 책을 여러 번 다시 읽다 보면 구석구석 빠짐없이 모두 이해될 거야.

자, 이제 용선생의 시끌벅적 과학교실을 제대로 즐길 준비가 됐겠지? 그럼 신나는 수업을 시작해 볼까?

## 차례 | 자극과 반응

### 1교시 | 시각
### 갑자기 밝아지면 눈이 부신 까닭은?

눈은 어떻게 생겼을까? … 13
우리가 물체를 보는 과정은? … 17
밝은 곳에서는 왜 눈이 부실까? … 19

나선애의 정리노트 … 22
과학퀴즈 달인을 찾아라! … 23
용선생의 과학 카페 … 24
  - 맹점, 그것이 알고 싶다!

**교과연계**
초 6-2 우리 몸의 구조와 기능 | 중 3 자극과 반응

### 2교시 | 여러 가지 감각
### 코가 막히면 왜 음식 맛이 다를까?

음식 맛을 제대로 느끼려면? … 29
귀는 어떤 자극을 받아들일까? … 34
뜨겁고 아픈 건 어떻게 느낄까? … 38

나선애의 정리노트 … 42
과학퀴즈 달인을 찾아라! … 43
용선생의 과학 카페 … 44
  - 맛을 구별하는 것이 중요한 까닭은?

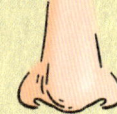

**교과연계**
초 6-2 우리 몸의 구조와 기능 | 중 3 자극과 반응

### 3교시 | 신경계
### 자전거를 탈 때 헬멧을 써야 하는 까닭은?

몸 곳곳에 어떻게 신호를 전달할까? … 49
뉴런도 여러 종류가 있어 … 52
중추 신경계가 하는 일은? … 54

나선애의 정리노트 … 58
과학퀴즈 달인을 찾아라! … 59

**교과연계**
초 6-2 우리 몸의 구조와 기능 | 중 3 자극과 반응

## 4교시 | 자극에서 반응까지

### 무릎을 때리면 왜 다리가 저절로 펴질까?

말초 신경계는 어떤 일을 할까? … 63
자극을 느끼고 반응하기까지 … 65
대뇌의 명령을 받지 않는 반응은? … 68

나선애의 정리노트 … 72
과학퀴즈 달인을 찾아라! … 73
용선생의 과학 카페 … 74
 - 신경계의 진실 혹은 거짓!

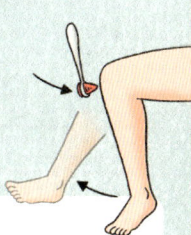

**교과연계**
초 **6-2** 우리 몸의 구조와 기능 | 중 **3** 자극과 반응

## 6교시 | 항상성

### 더울 때 땀이 나는 까닭은?

체온을 어떻게 조절할까? … 97
혈액 속 포도당의 양을 조절하려면? … 101
왜 몸속 수분량을 유지해야 할까? … 104

나선애의 정리노트 … 108
과학퀴즈 달인을 찾아라! … 109

**교과연계**
초 **6-2** 우리 몸의 구조와 기능 | 중 **3** 자극과 반응

## 5교시 | 호르몬

### 밤에 일찍 자야 좋은 까닭은?

호르몬의 정체를 밝혀라! … 78
호르몬과 신경계는 어떻게 다를까? … 82
호르몬이 하는 일은? … 85

나선애의 정리노트 … 90
과학퀴즈 달인을 찾아라! … 91
용선생의 과학 카페 … 92
 - 환경 호르몬이란?

**교과연계**
초 **6-2** 우리 몸의 구조와 기능 | 중 **3** 자극과 반응

가로세로 퀴즈 … 110
교과서 속으로 … 112

찾아보기 … 114
퀴즈 정답 … 115

## 등장인물

### 용쓴다 용써!
### 용선생

- 체력 ★★★
- 지력 ★★★★★
- 감성 ★★★
- 호기심 ★★★★★
- 유머 ★★

열정이 가득한 과학 선생님. 하늘을 향해 거침없이 솟은 머리카락과 삐죽삐죽한 수염이 매력 포인트. 생생한 과학 수업을 하기 위해 물불을 가리지 않는다.

### 장하다 장해!
### 장하다

- 체력 ★★★★★
- 지력 ★
- 감성 ★★★★
- 호기심 ★★★★★
- 유머 ★★★★★

'튼튼하게만 자라 다오.'라는 아버지의 소원대로 튼튼하게 자랐다. 성격은 일등, 성적은 비밀이다. 시험을 못 봐도 씩씩하고 엉뚱한 질문으로 수업에 활력을 준다.

### 오늘도 나선다!
### 나선애

- 체력 ★★★★
- 지력 ★★★★
- 감성 ★★★
- 호기심 ★★★★★
- 유머 ★★★

과학자를 꿈꾸는 우등생. 공부도 잘하고 아는 게 많아서 모든 일에 앞장서는 타입이다. 겉으로는 차가워 보이지만 내심 따뜻한 면도 가지고 있다. 전혀 티가 안 나서 그렇지.

### 잘난 척 대장
### 왕수재

- 체력 ★★★
- 지력 ★★★★
- 감성 ★
- 호기심 ★★★★★
- 유머 ★

세상에서 자기가 제일 잘난 줄 안다. '천재는 외로운 법이고 질투의 대상인 법'이라나. 친구들에게 깐족거리는 데에도 천재적이다. 그래도 수업에는 늘 적극적으로 참여한다.

낭만 가득
### 허영심

체력 ★★★★★
지력 ★★★
감성 ★★★★★
호기심 ★★★★★
유머 ★★

감성이 풍부해도 너무 풍부하다. 떨어지는 낙엽이나 밤하늘의 별을 보며 눈물짓고, 조그만 벌레와 대화를 나누는 사차원 성격. 하지만 누구보다 정이 많고 낭만적이다.

과학반 귀염둥이
### 곽두기

체력 ★★★
지력 ★★★★
감성 ★★★★
호기심 ★★★★★
유머 ★★★★

형과 누나들의 귀여움을 독차지하는 과학반 막내. 나이도 가장 어리고 타고난 동안이라 언뜻 보면 유치원생 같다. 훈장 할아버지 덕에 어려운 단어를 줄줄 꿰고 있다.

## 우리를 찾아봐!

**홍채**
눈 검은자에 있는 부분으로, 주변 밝기에 따라 크기가 변해.

**달팽이관**
귀 안쪽에 있는 부분으로, 소리를 자극으로 받아들여.

**감각점**
피부에서 통증, 눌림, 접촉, 차가움, 따뜻함을 받아들이는 곳이야.

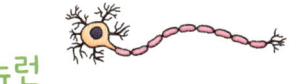
**뉴런**
신경계를 이루는 세포로, 온몸에 신호를 전달해.

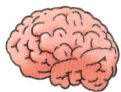
**대뇌**
행동을 결정하고 말, 기억 등 다양한 활동을 일으키는 곳으로, 뇌의 대부분을 차지해.

**인슐린**
혈액 속에 있는 포도당의 양을 조절하는 호르몬이야.

**1교시 | 시각**

# 갑자기 밝아지면 눈이 부신 까닭은?

터널 밖으로 나가기 직전!

갑자기 나가면 너무 눈이 부시더라.

곽두기가 과학실로 뛰어 들어와 가쁜 숨을 몰아쉬었다.

"두기야, 왜 이렇게 뛰어 왔어?"

"헉헉, 힘들다. 궁금한 게 생겨서 선생님께 여쭤보려고."

"뭐가 궁금한데?"

"아까 수업 시간에 불 끄고 동영상을 봤거든. 근데 끝나고 갑자기 불을 켜니까 눈이 부셨어."

"원래 어둡다가 갑자기 밝아지면 눈이 부시잖아."

"그러니까 그게 왜 그런 거냐고!"

"왜 그런지는 생각해 본 적 없는데……."

아이들이 고개를 갸웃거리자 용선생이 다가와 말했다.

"오호, 그게 궁금하면 오늘 함께 알아볼까?"

"좋아요!"

## 눈은 어떻게 생겼을까?

"너희들 차를 타고 가다가 터널을 빠져나올 때 갑자기 밝아져 눈이 부셨던 경험이 있지?"

"그럼요! 터널 밖은 햇빛이 환하게 비치잖아요."

"맞아. 밝다는 건 빛이 비쳐서 환하다는 것이지. 우리는 눈으로 빛이 비치는 것을 볼 수 있는데, 눈이 바로 빛을 받아들이는 '감각 기관'이기 때문이야."

"감각 기관이요?"

"응. 감각 기관은 몸 밖에서 주어지는 자극을 받아들이는 곳을 말해. 예를 들어, 우리는 눈으로 빛을 받아들이고, 코로 냄새를 맡고, 귀로 소리를 들어. 이때 빛, 냄새, 소리 같은 걸 자극이라고 한단다."

"어, 그럼 눈, 코, 귀는 감각 기관인가요?"

"맞아. 눈, 코, 귀뿐 아니라 혀와 피부도 감각 기관이야. 우리 몸은 감각 기관을 통해 다양한 자극을 받아들이지. 만약 감각 기관이 없다면 주변에서 무슨 일이 일어나는지 전혀 알아채지 못할 거야."

"그렇겠네요. 눈을 감으면 아무것도 안 보이잖아요."

"그래. 눈은 빛을 자극으로 받아들여 물체의 모양, 색깔,

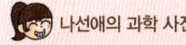

나선애의 과학 사전

**자극** 찌를 자(刺) 찌를 극(戟). 생물의 몸에 반응을 일으키는 원인을 말해.

▲ 우리 몸의 감각 기관

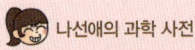

**나선애의 과학 사전**

**시각** 볼 시(視) 느낄 각(覺). 눈으로 빛을 받아들여 느끼는 감각을 말해.

거리 같은 걸 느껴. 이렇게 눈에서 느끼는 감각을 시각이라고 하지. 너희들, 눈 전체 모습이 어떻게 생겼는지 아니?"

아이들은 서로 눈을 바라보고 말했다.

"네! 눈에는 흰자랑 검은자가 있어요."

"하하, 그건 겉으로 보이는 부분이고, 얼굴 안쪽에는 겉으로 보이지 않는 부분이 더 있어. 눈 전체 모습을 보여 줄게."

용선생은 화면을 띄웠다.

"헉! 저게 눈이에요? 생각했던 것보다 훨씬 커요."

"꼭 커다란 구슬처럼 생겼어요."

"눈 전체 모습은 처음 보지? 눈은 구슬처럼 둥그런 모양으로 생겼어. 눈의 바깥쪽은 막으로 둘러싸여 있고, 안쪽은 투명한 젤리 같은 유리체로 채워져 있지. 이번에는 눈 속을 자세히 볼까?"

용선생은 화면을 바꿨다.

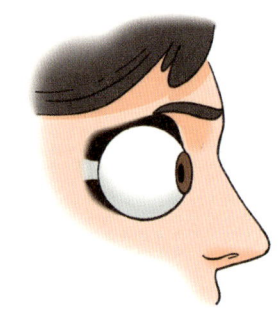

▲ **눈의 모습** 눈은 구슬 모양으로, 어른의 경우 탁구공만 한 크기야.

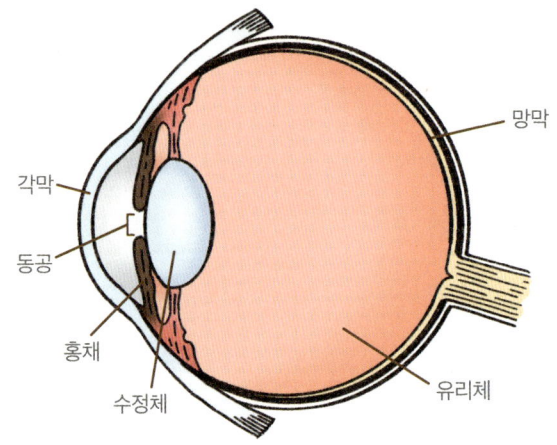

▶ **눈의 구조**

"헉, 저게 다 뭐죠? 겉으로 봤을 때에는 몰랐는데 안은 꽤 복잡하네요."

"알고 보면 그리 복잡하지 않아. 빛이 눈에 들어오는 길을 따라 차근차근 살펴보자. 먼저 눈 가장 앞쪽에는 투명한 막이 있어. 이걸 '각막'이라고 해. 각막 뒤에는 홍채가 있지. 빛은 각막을 통과해 홍채 한가운데에 있는 구멍인 동공으로 들어온단다. 동공을 흔히 눈동자라고 불러."

"눈동자는 들어 봤는데 각막이나 홍채는 처음 들어요. 눈의 흰자랑 검은자와는 어떻게 달라요?"

"눈을 둘러싸고 있는 막은 여러 겹인데, 그중 제일 바깥쪽 막이 흰색이야. 그게 흰자란다. 근데 동공과 홍채가 있는 부분은 흰색 막 대신 투명한 각막으로 덮여 있어서 동공과 홍채의 어두운색이 그대로 보이지. 이 어두운 부분이 바로 검은자야."

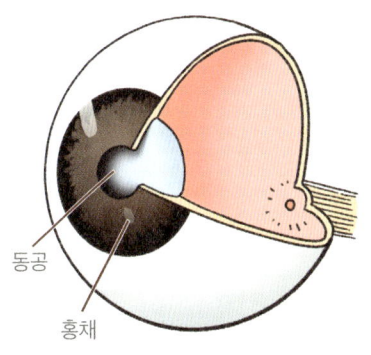

▲ 눈의 입체 구조

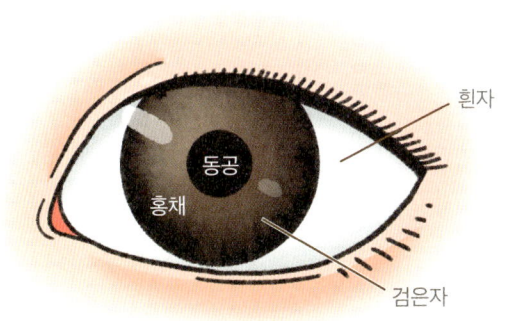

▲ 눈의 흰자와 검은자

동공과 홍채가 바로 검은자!

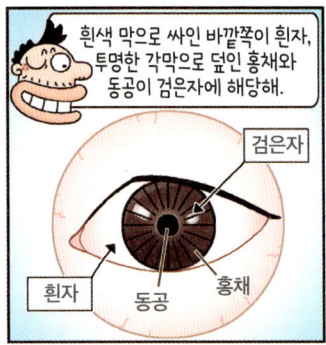

왕수재가 화면을 가리키며 물었다.

"동공 뒤에 볼록한 건 뭔가요?"

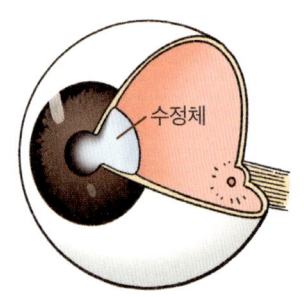

▲ 눈의 입체 구조

"그건 수정체야. 동공으로 들어온 빛은 수정체를 지나면서 꺾인단다."

"빛이 꺾인다고요?"

장하다가 팔을 이리저리 꺾으며 물었다.

"하하하! 너희들 돋보기에 빛을 통과시켜 본 적 있지? 빛이 볼록한 돋보기를 지나며 꺾이는 것처럼, 볼록한 수정체를 지난 빛도 꺾인단다. 꺾인 빛은 젤리 같은 유리체를 통과하여 눈의 가장 안쪽에 있는 막에 도착해. 이 막을 '망막'이라고 불러."

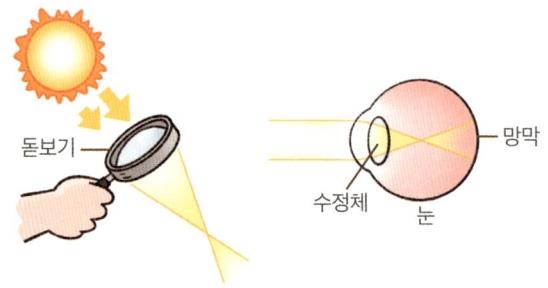

▲ 똑바로 나아가는 빛은 돋보기나 수정체를 지나면서 꺾여.

핵심정리

눈은 빛을 자극으로 받아들이는 감각 기관으로, 커다란 구슬 모양이야. 눈에는 각막, 홍채, 동공, 수정체, 유리체, 망막 같은 부분이 있어.

## 우리가 물체를 보는 과정은?

나선애가 노트 필기를 멈추고 말했다.

"빛은 각막, 수정체를 지나 유리체를 통과해 망막에 도착하네요. 그럼 우리 눈에 빛이 보이는 건가요?"

"아직 아니야. 눈이 빛을 보려면 '시각 세포'가 빛을 자극으로 받아들여야 해. 그림을 보면서 자세히 알아보자."

용선생은 화면을 바꿨다.

나선애의 과학 사전

**세포** 작을 세(細) 세포 포(胞). 생물을 이루는 기본 단위를 말해. 사람의 몸은 수많은 세포로 이루어져 있어.

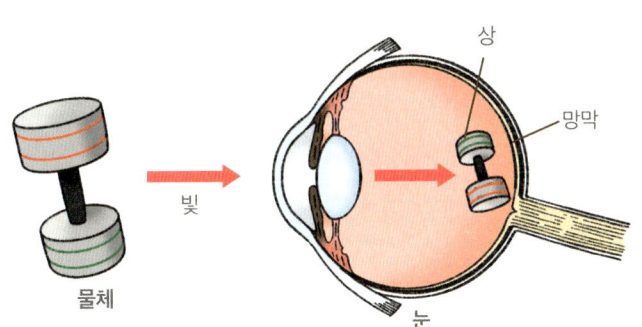

▲ 눈에 들어온 빛은 망막에 상으로 맺혀.

"우선 눈에 들어온 빛은 망막에 맺혀서 물체의 모습을 띤단다. 이걸 상이 맺힌다고 해."

"오, 그래서요?"

"망막에는 빛을 받아들이는 시각 세포가 있어. 상이 맺힌 망막의 시각 세포는 빛을 자극으로 받아들이지."

곽두기의 낱말 사전

**상** 모양 상(像). 빛 때문에 생기는 물체의 모양을 말해.

"아하, 망막에 시각 세포가 있군요. 근데 시각 세포만 빛을 받아들이는 건가요?"

"그렇단다. 우리 몸을 이루는 세포는 종류가 아주 많고 하는 일이 제각기 달라. 시각 세포는 빛을 받아들이지만, 다른 세포들은 빛을 쪼여도 받아들이지 못해."

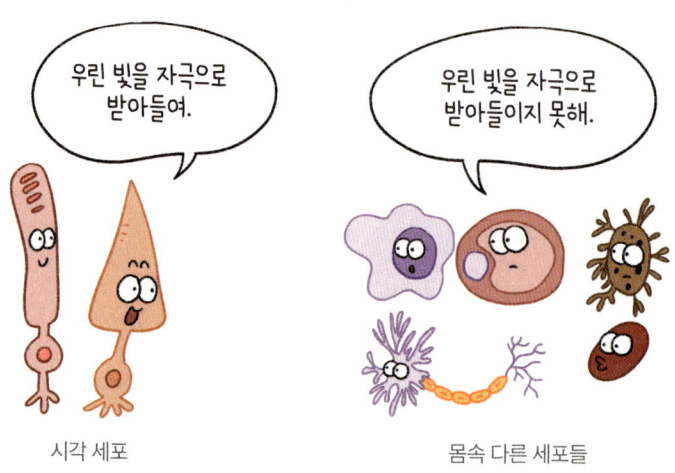

시각 세포                    몸속 다른 세포들

"이야, 시각 세포는 정말 특별한 세포네요!"

"망막에는 수많은 시각 세포가 있고, 시각 세포는 '시각 신경'이라는 부분과 연결되어 있어. 시각 세포에서 받아들인 자극은 시각 신경을 통해 뇌로 전달돼. 그 결과 우리가 물체의 모습을 보게 되는 거야."

"이렇게 해서 우리 눈이 물체를 보는 거군요."

나선애가 가만히 고개를 끄덕였다.

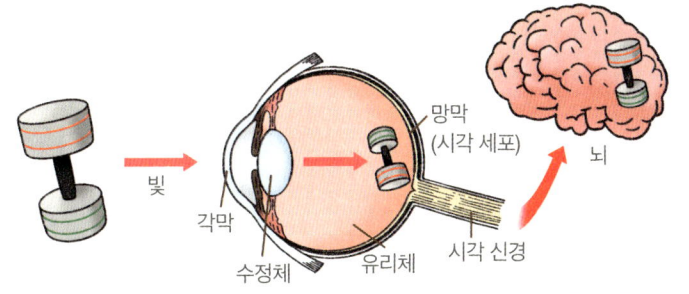

빛 → 각막 → 수정체 → 유리체 → 망막(시각 세포) → 시각 신경 → 뇌

▲ 물체를 보는 과정

**핵심정리**

빛은 눈에서 각막, 수정체, 유리체를 지나 망막에 상으로 맺혀. 망막의 시각 세포에서 받아들인 자극은 시각 신경을 통해 뇌로 전달돼.

 ## 밝은 곳에서는 왜 눈이 부실까?

"선생님, 눈으로 물체를 보는 건 알겠어요. 근데 갑자기 밝아질 때 왜 눈이 부신 건지는 아직 모르겠어요."

곽두기가 부루퉁하게 말했다.

"하하! 어두웠다가 갑자기 밝아질 때 눈이 부신 까닭은 눈 속에 있는 시각 세포가 갑자기 빛을 많이 받아들였기

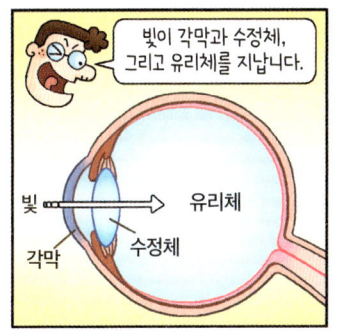

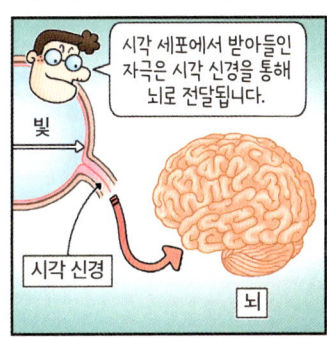

때문이야. 다시 말해 자극을 많이 받았다는 말이지."

"아하, 빛이 바로 자극이니까요."

"맞아. 어두운 곳은 빛이 거의 없어서 눈에서 받아들이는 자극도 적어. 그러다 불을 켜면 갑자기 빛이 많아지니까 시각 세포에서 받아들이는 자극도 많아져. 세포가 받은 자극이 시각 신경을 통해 뇌로 전달될 때, 갑자기 많은 자극이 전달되어 눈이 부시다고 느끼는 거야."

"근데 처음에는 눈이 부시지만, 조금 지나면 괜찮아지잖아요. 그건 왜 그런 거죠?"

"우리 몸은 갑자기 많아진 자극을 줄이려고 눈을 감거나 깜빡거려서 눈에 들어오는 빛의 양을 줄여. 또 눈을 감지 않고도 빛의 양을 조절한단다."

"네? 어떻게요?"

"동공의 크기를 조절해서 눈에 들어오는 빛의 양을 조절하지. 내 눈으로 직접 보여 주마."

용선생은 조명 옆에 앉아 전원을 켰다가 껐다.

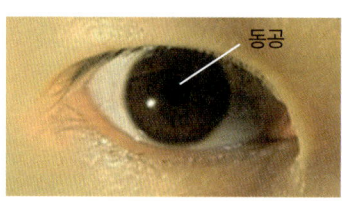
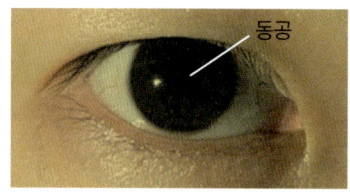

조명을 켰을 때 　　　　　조명을 껐을 때

▲ **동공의 크기 변화** 조명을 켜면 동공이 작아지고, 조명을 끄면 동공이 커져.

"오! 조명을 켜면 동공이 작아지고, 끄면 다시 커져요."

"그래. 주변이 밝을 때에는 홍채가 커져서 동공의 크기가 작아져. 그럼 동공으로 들어오는 빛의 양이 줄어들지."

"그럼 주변이 어두우면 반대로 홍채가 작아지나요?"

"그렇단다. 홍채가 작아지면 동공의 크기가 커져서 들어오는 빛의 양이 늘어나."

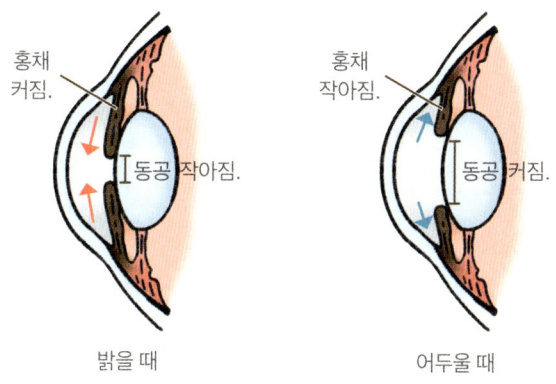

▲ 주변 밝기에 따라 홍채와 동공의 크기가 변해.

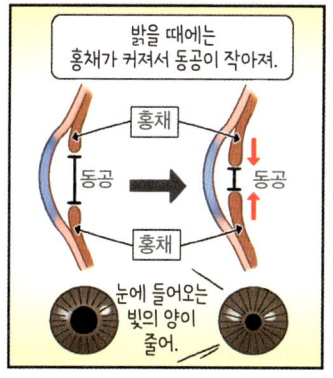

그때 허영심이 눈을 스르르 감으며 말했다.

"선생님! 눈이 자극을 많이 받았나 봐요. 저절로 감겨요."

"어? 저도요, 저도!"

"하하! 선생님도 눈이 뻑뻑하구나. 오늘은 여기까지!"

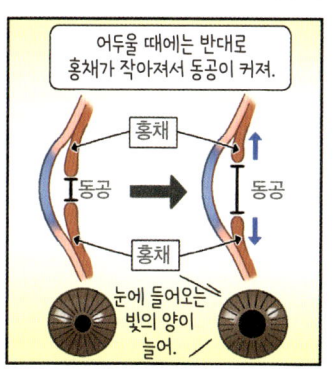

 핵심정리

우리 몸은 주변 밝기에 따라 동공의 크기가 변하여 눈에 들어오는 빛의 양을 조절해.

# 나선애의 정리노트

## 1. 감각 기관
① 몸 밖에서 주어지는 다양한 ⓐ[ ]을 받아들이는 곳
② 눈: 시각을 담당하는 곳. ⓑ[ ]을 자극으로 받아들임.

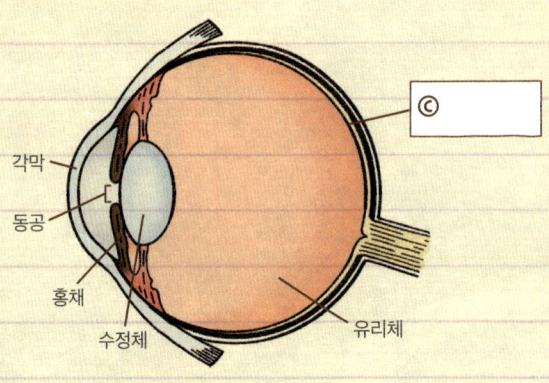

각막
동공
홍채
수정체
유리체
ⓒ[ ]

## 2. 물체를 보는 과정
① 빛 → ⓓ[ ] → 수정체 → 유리체 → 망막(시각 세포) → ⓔ[ ] → 뇌

## 3. 눈의 조절
① 주변 밝기에 따라 동공의 크기가 변함.
- 밝을 때: 홍채 커짐. → 동공 작아짐. → 눈에 들어오는 빛의 양 줄어듦.
- 어두울 때: 홍채 작아짐. → 동공 커짐. → 눈에 들어오는 빛의 양 늘어남.

ⓐ 자극 ⓑ 빛 ⓒ 망막 ⓓ 각막 ⓔ 시각 신경

# 과학퀴즈 달인을 찾아라!

●정답은 115쪽에

## 01

친구들이 이번 시간에 배운 내용에 대해 이야기하고 있어. 옳으면 O, 옳지 않으면 X를 표시해 줘.

① 눈 안쪽은 딱딱한 물질로 채워져 있어. (   )
② 홍채 한가운데 있는 구멍은 각막이야. (   )
③ 눈의 흰자는 눈을 둘러싸고 있는 바깥쪽 막이야. (   )

## 02

다음 보기 의 문장 속 괄호에 들어갈 말을 순서대로 이으면 어떤 모양이 나온대. 무슨 모양인지 그려 봐.

> 보기
> 빛은 눈 가장 앞쪽에 있는 (   )을 지나,
> 홍채 한가운데에 있는 (   )으로 들어와.
> (   )에서 꺾인 빛은 유리체를 통과하여
> (   )에 상으로 맺히지.

출발 / 도착

동공    수정체

망막    각막

| 용선생의 과학 카페 | 용선생의 한국사 카페 | 용선생의 세계사 카페 |  |

  https://cafe.naver.com/yongyong

## 용선생의 과학 카페

과학계의 핵인싸,
용선생의 과학 카페에
오신 걸 환영합니다.

Log in

MENU

물리면 아프다
화학이 화하하
생물 오징어
지구는 둥글다

## 맹점, 그것이 알고 싶다!

 너희들 혹시 '맹점'이라는 말 들어 봤니?

 맹물은 아는데…… 맹점은 모르겠어요.

 하하! 망막에 있는 시각 세포에 시각 신경이 연결되어 있다고 했지? 시각 신경은 한데 모여 눈 밖으로 뻗어 나가는데, 신경이 모여 나가는 부분에는 시각 세포가 없어. 그래서 이 부분에 상이 맺히면 자극을 받아들이지 못해 아무것도 볼 수가 없지. 이 부분을 바로 맹점이라고 해.

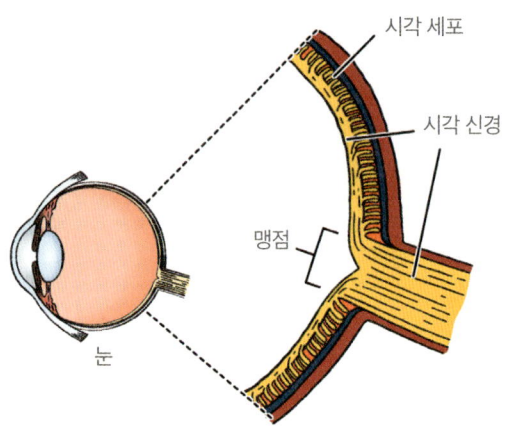

▲ **맹점** 시각 신경이 모여서 나가는 부분으로, 시각 세포가 없어.

 엥? 시각 세포가 없는 부분이 있다고요? 전 잘만 보여요!

 맹점이 있다는 걸 간단한 실험으로 확인해 보자.

① 위 그림을 눈으로부터 한 뼘 정도 거리에 놔.
② 왼쪽 눈을 감고 오른쪽 눈으로 동그라미를 바라봐.
③ 그 상태에서 그림을 앞뒤로 천천히 움직여.
④ 이때 세모가 어떻게 보이는지 확인해.

- 장하다의 오답을 피하는 방법
- 나선애의 야무진 실험실
- 왕수재의 아는 척 과학교실
- 허영심의 별 헤는 밤
- 곽두기의 빅뱅 따라잡기

 어, 그림을 움직이니까 세모가 잠깐 안 보였다가 다시 보여요! 어떻게 된 거죠?

 세모로부터 눈에 들어온 빛이 오른쪽 눈의 맹점에 맺히는 순간 세모가 안 보여. 그러다 그림을 움직이면 세모로부터 눈에 들어온 빛이 다시 망막에 맺혀서 보이는 거고.

 근데 두 눈을 다 뜨면 계속 보이는걸요?

 맞아. 두 눈은 서로 떨어져 있어서 눈 속에 상이 맺히는 부분도 달라. 한쪽 눈에서는 상이 맹점에 맺히더라도, 다른 쪽 눈에서는 망막에 맺혀. 뇌에서는 두 눈에 맺힌 상을 합쳐서 물체를 정확하게 보지.

 어휴, 눈이 두 개 있어서 다행이에요!

## COMMENTS

 눈이 세 개면 좋을 텐데….
└  어째서?
└  두 눈으로 숙제하고, 남는 눈으로 게임하려고.
└  못 말리는 장하다!

장하다가 과학실에 모여 있는 아이들에게 다가가 말했다.

"너희들 그거 알아? 코를 막고 양파를 먹으면 사과 맛이 나."

"뭐? 그게 정말이야?"

"응. 우리 삼촌이 알려 주셔서 해 봤어. 정말 양파 냄새도 안 나고, 사과 먹는 것 같았다니까."

"코를 막기만 했는데 맛이 달라졌다고? 말도 안 돼."

왕수재가 못 믿겠다는 듯 말하자, 곽두기가 말했다.

"나도 한약 먹을 때 코를 막고 먹어. 그러면 한약 맛이 덜 쓰게 느껴지거든."

"진짜? 대체 코를 막는 거랑 맛이 무슨 상관이지?"

장하다가 머리를 긁적이며 말했다.

"그건 나도 몰라. 선생님께 여쭤보자."

## 음식 맛을 제대로 느끼려면?

"하하, 정말 코를 막고 양파를 먹어 봤다고?"

어느새 과학실에 들어선 용선생이 웃으며 다가오자 장하다가 반기며 말했다.

"네, 선생님! 코를 막으면 어째서 맛이 달라지는지 궁금해요."

"좋아, 오늘 함께 알아보자. 지난 시간에 우리 몸에는 여러 감각 기관이 있다고 했지?"

나선애가 노트를 뒤적이더니 대답했다.

"네. 눈 말고도 코, 귀, 혀, 피부가 감각 기관이에요."

"그래. 그중에서 코는 후각을 담당하는 감각 기관이야. 쉽게 말해 냄새를 맡는 곳이지."

▲ 우리 몸의 감각 기관

**나선애의 과학 사전**

후각 냄새 맡을 후(嗅) 느낄 각(覺). 냄새가 나는 기체 물질을 자극으로 받아들여 느끼는 감각을 말해.

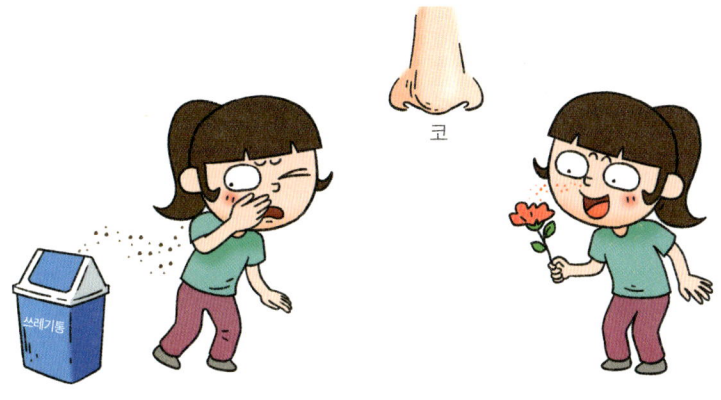
▲ 코는 냄새를 맡는 곳이야.

"눈은 빛을 받아들인다고 하셨잖아요. 그럼 코는 냄새를 받아들이는 건가요?"

"맞아. 정확히 말하면 코는 냄새가 나는 기체 물질을 받아들이지."

"코에서 기체 물질을 어떻게 받아들이는데요?"

"꽃을 예로 들어 볼게. 꽃에서는 우리 눈에 보이지 않지만, 냄새가 나는 기체 물질이 퍼져 나와. 눈에서 시각 세포가 빛을 자극으로 받아들였던 것처럼, 코에서 후각 세포가 기체 물질을 자극으로 받아들여."

"아, 코에는 후각 세포가 있군요?"

용선생은 고개를 끄덕이며 화면을 띄웠다.

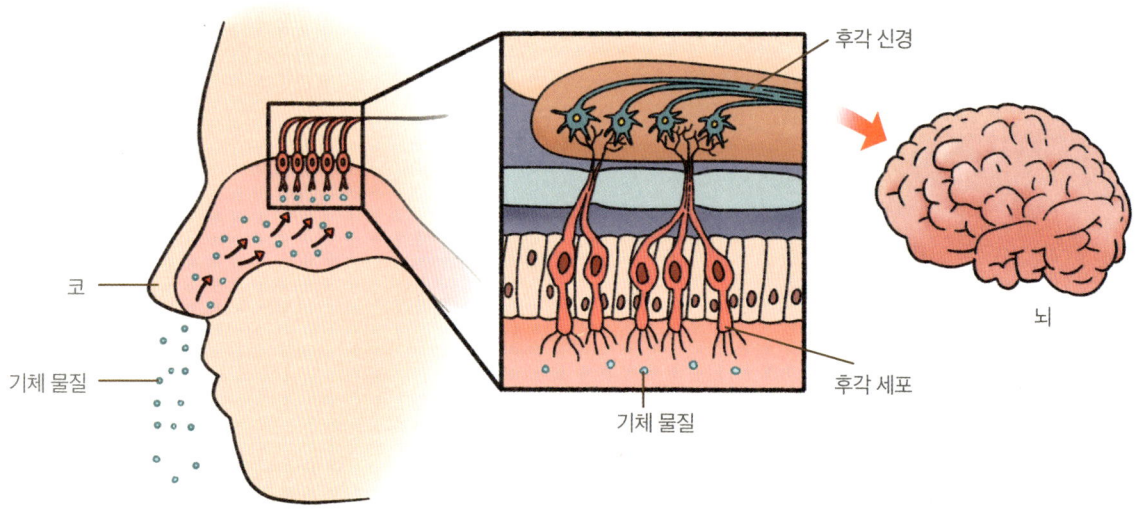

기체 물질 → 후각 세포 → 후각 신경 → 뇌

▲ 냄새를 맡는 과정

"후각 세포는 코 안쪽 윗부분에 있단다. 후각 세포가 기체 물질을 받아들이면, 이 자극은 후각 세포에 연결된 후각 신경을 통해 뇌로 전달돼. 그러면 우리가 냄새를 맡게 되는 거야."

"어, 그래서 코를 막으면 기체 물질이 코로 들어오지 못해서 냄새를 못 맡는 거군요?"

"맞아. 후각은 무려 1만 가지가 넘는 기체 물질을 구별할 수 있고, 아주 적은 양의 자극도 느낄 정도로 예민한 감각이지. 대신 금방 무뎌지기 때문에 한 가지 냄새를 계속 맡고 있으면 그 냄새를 잘 느끼지 못하게 돼."

허영심이 눈을 크게 뜨며 말했다.

"정말요? 어쩐지 향기 좋은 핸드크림을 발라도 조금 지나면 냄새가 안 나는 것 같더라니……."

"하하, 그랬구나. 후각은 이쯤 하고 이번엔 맛을 어떻게 느끼는지 알아보자. 맛은 입속에 있는 혀에서 느껴. 어떤 맛을 느끼는지 너희가 아는 맛을 말해 볼래?"

"단맛, 쓴맛, 신맛…… 또 다른 맛이 있나요?"

"응, 짠맛과 감칠맛이 있지. 혀는 이런 여러 가지 맛을 느끼는 미각을 담당하는 감각 기관이야."

용선생은 화면을 바꿨다.

 용선생의 과학 현미경

후각은 예민한 대신 쉽게 지쳐. 그래서 후각이 무뎌지는 걸 '후각이 피로해졌다'라고도 표현해.

 용선생의 과학 현미경

단맛, 쓴맛, 신맛, 짠맛이 아니면서 맛있는 맛을 감칠맛이라고 해. 입에 착 달라붙어 오랫동안 계속되는 맛으로, 고기나 육수 등에서 맛볼 수 있어.

 나선애의 과학 사전

미각 맛 미(味) 느낄 각(覺). 맛을 내는 액체 물질을 자극으로 받아들여 느끼는 감각을 말해.

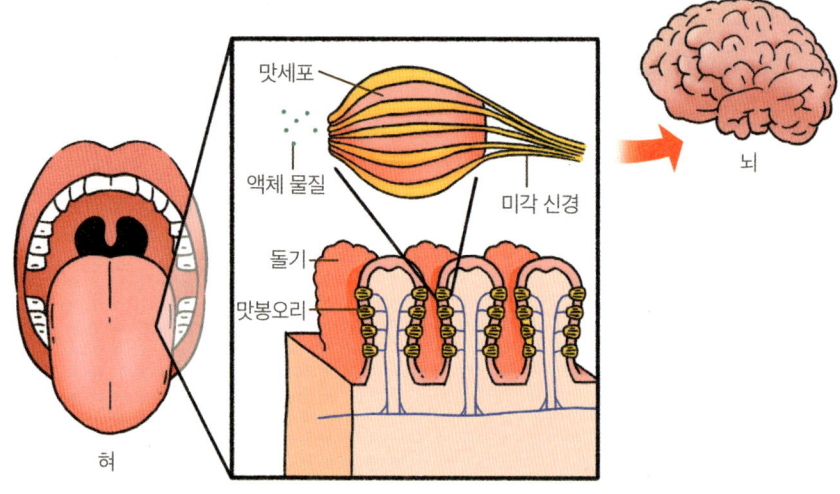

액체 물질 → 맛봉오리 → 맛세포 → 미각 신경 → 뇌

▲ 맛을 느끼는 과정

"혀는 코와 달리 액체 물질을 자극으로 받아들여. 혀 겉 부분을 자세히 살펴보면 좁쌀 모양의 작은 돌기가 아주 많아. 이 돌기의 옆 부분에는 '맛봉오리'라는 부분이 있어. 맛봉오리에는 액체 물질을 자극으로 받아들이는 세포인 맛세포들이 모여 있단다."

"맛세포도 신경과 연결되어 있겠죠?"

"그럼! 맛세포는 액체 물질을 자극으로 받아들이고, 미각 신경을 통해 자극을 뇌로 전달해. 그러면 우리가 맛을 느끼는 거란다. 그런데 사실 우리가 느끼는 음식의 맛은 미각뿐 아니라 후각과도 관련되어 있어."

"네? 어떻게요?"

"우리 몸은 코에서 느끼는 냄새와 혀에서 느끼는 맛을 뇌에서 합쳐서 음식의 맛을 느껴. 과학자들은 냄새에 따라 음식 맛이 다르게 느껴진다고 한단다."

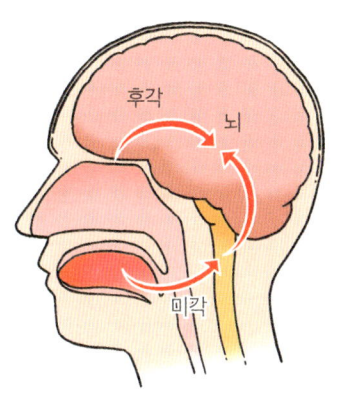

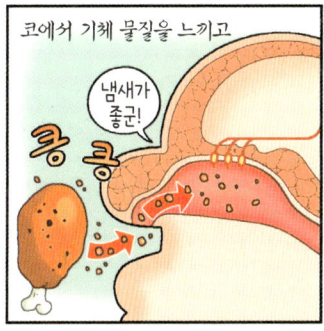
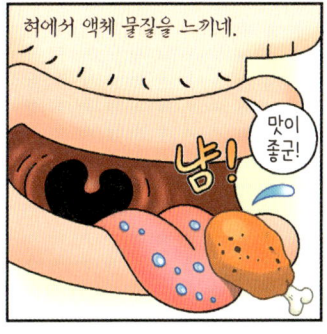

"우아, 그게 정말이에요?"

그때 장하다가 책상을 탕 치며 말했다.

"아하! 코를 막고 음식을 먹으면 냄새를 잘 느끼지 못해서 음식 맛이 평소와 달라지는 거군요?"

"바로 그거야!"

 **핵심정리**

코는 기체 물질을 자극으로 받아들이는 후각을 담당하는 감각 기관이야.
혀는 액체 물질을 자극으로 받아들이는 미각을 담당하는 감각 기관이지.

 ## 귀는 어떤 자극을 받아들일까?

용선생이 물을 한 모금 마시고 말을 이었다.

"자, 우리 몸의 감각 기관 중에서 눈, 코, 혀는 알아봤으니 다음으로 귀에 대해 알아볼까?"

"귀는 소리를 듣는 곳이죠?"

곽두기가 귀를 만지작거리며 말했다.

"그렇단다. 귀는 소리를 듣는 청각을 담당하는 감각 기관이야. 소리는 보통 어떨 때 나지?"

"흐음, 일단 말할 때 목에서 소리가 나죠."

"이렇게 책상을 두드려도 소리가 나고요."

"그래. 말할 때에는 목이 떨리고, 책상을 두드리면 책상이 떨려. 이렇게 물체가 떨리는 걸 진동이라고 해."

"혹시 소리가 진동이랑 관계있나요?"

"응, 있어. 물체가 진동하면 주변의 공기도 진동해. 공기의 진동이 퍼져 나가서 우리 귀에 다다르는 것이 바로 소리야. 귀가 받아들이는 자극은 공기의 진동이란다."

"우아, 귀가 공기의 진동을 받아들인다고요?"

**나선애의 과학 사전**

**청각** 들을 청(聽) 느낄 각(覺). 소리를 자극으로 받아들여 느끼는 감각을 말해.

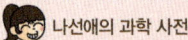
**나선애의 과학 사전**

**진동** 떨 진(振) 움직일 동(動). 물체가 한곳에서 반복해서 떨리는 것을 말해.

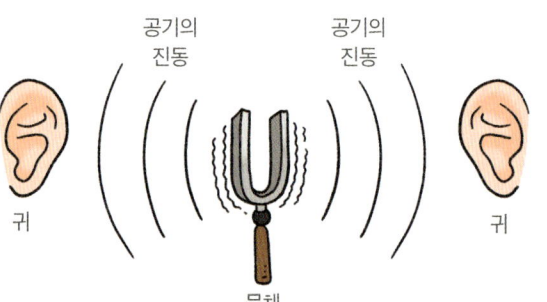

▲ 물체가 진동하면 주변의 공기도 진동하며 퍼져 나가.

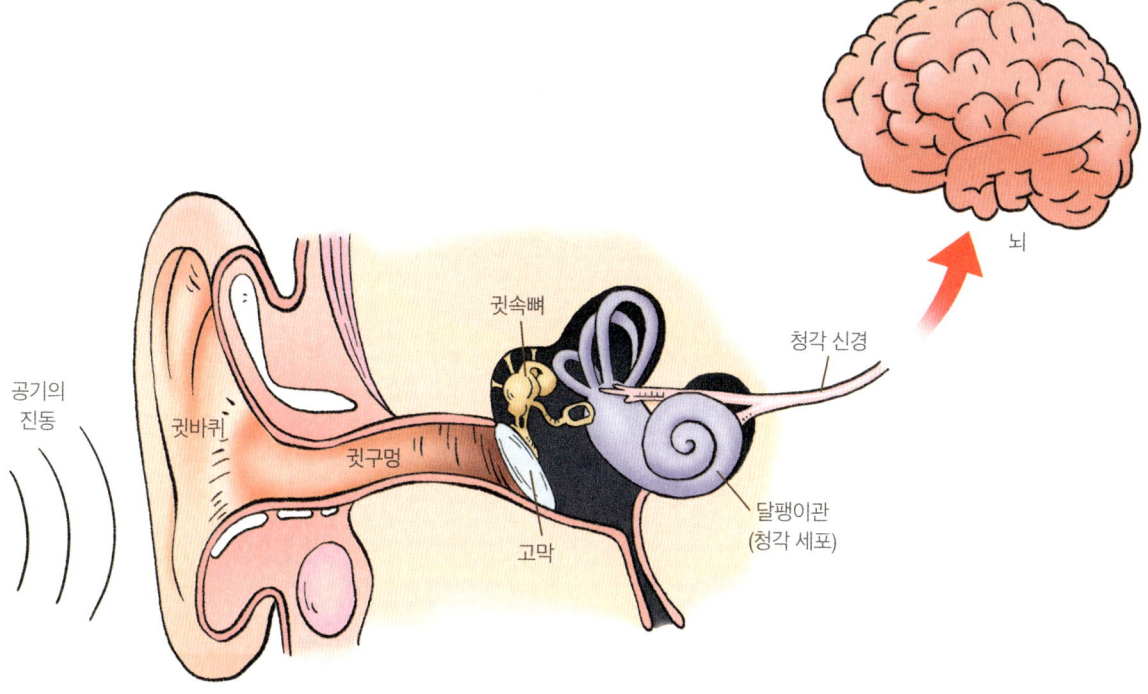

▲ 소리를 듣는 과정

용선생은 고개를 끄덕이며 화면을 바꿨다.

"그래. 귀가 공기의 진동을 어떻게 받아들이는지 함께 살펴볼까? 귀에서 얼굴 옆 부분에 보이는 곳을 귓바퀴라고 해. 귓바퀴는 오목하게 생겨서 소리가 잘 모이지. 귓바퀴에서 모인 소리는 귓구멍을 지나 얇은 막에 도착해. 이 막을 '고막'이라고 불러."

"귀 안에 고막이라는 게 있군요."

"진동은 고막에서부터 귀 깊숙한 곳으로 이어달리기를 하듯 전달된단다. 먼저 고막이 진동하면 고막에 붙어 있는 귓속뼈가 진동을 키우고, 이어서 달팽이관이라는 곳으로 진동이 전달돼."

 용선생의 과학 현미경

진동은 고막뿐 아니라 머리뼈를 통해서도 귓속뼈에 직접 전달될 수 있어. 귀를 막아도 소리가 조금 들리는 건 이 때문이지.

"어, 혹시 달팽이처럼 생겨서 달팽이관인가요?"

"하하, 맞아. 달팽이관에는 청각 세포가 있어. 청각 세포는 진동을 자극으로 받아들이고, 청각 신경을 통해 자극을 뇌로 전달하지. 그 결과 우리가 소리를 듣는 거고."

> 소리(공기의 진동) → 귓바퀴 → 귓구멍 → 고막 → 귓속뼈 → 달팽이관(청각 세포) → 청각 신경 → 뇌

"귀에서 그런 일이 일어나는군요!"

"그런데 귀는 소리를 듣는 것 말고도 다른 중요한 일을 한단다."

"네? 귀가 또 어떤 일을 하는데요?"

"너희들 코끼리 코를 하고 빙빙 돌아 봤지? 이런 걸 회전한다고 해. 또 돌부리에 걸리면 몸이 기울어지지. 이렇게 몸이 회전하거나 기울어지는 것을 귀에서 느낀단다."

**나선애의 과학 사전**

회전 돌 회(回) 구를 전(轉). 물체가 한 점을 중심으로 빙빙 도는 걸 말해.

몸이 회전함.   몸이 기울어짐.

▲ 몸이 회전하거나 기울어지는 것도 귀에서 느껴.

"오호, 그런 것도 귀에서 느끼는군요."

"응. 귀 안쪽을 확대하여 살펴보면 달팽이관 옆에 반고리관과 전정 기관이라는 곳이 있어. 반고리관에서는 몸이 회전하는 것을, 전정 기관에서는 몸이 기울어지는 것을 각각 자극으로 받아들이지."

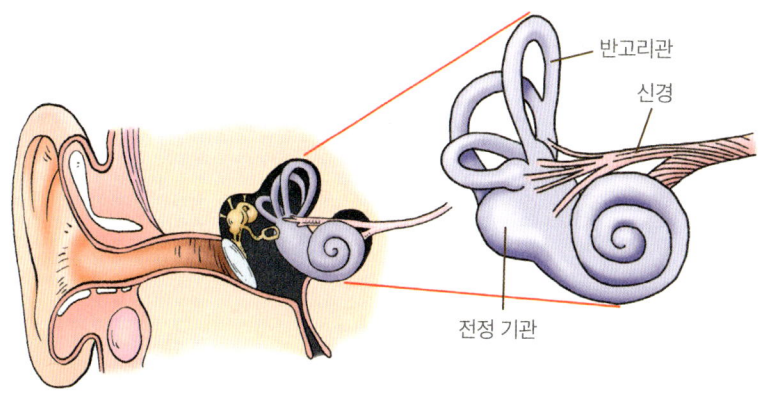

▲ 귀 안쪽에 있는 반고리관과 전정 기관

"반고리관과 전정 기관! 모두 처음 들어요."

"반고리관과 전정 기관은 저마다 연결된 신경이 따로 있고, 이 신경을 통해 자극을 뇌로 전달해. 덕분에 우리 몸은 넘어지지 않고 평형을 유지하지. 이렇게 몸이 회전하거나 기울어지는 자극을 느끼는 걸 '평형 감각'이라고 불러."

허영심이 귀를 만지작거리며 말했다.

"귀가 소리만 듣는 게 아니라 평형 감각도 담당한다니

 곽두기의 낱말 사전

**평형** 평평할 평(平) 저울 형(衡). 물체가 한쪽으로 치우치거나 기울지 않고 똑바로 있는 걸 말해.

놀랍네요!"

귀는 공기의 진동을 자극으로 받아들이는 청각, 그리고 몸이 회전하거나 기울어지는 자극을 받아들이는 평형 감각을 담당하는 감각 기관이야.

## 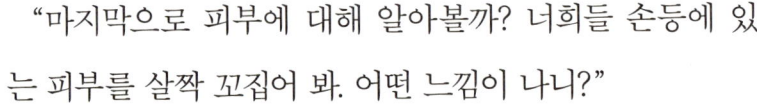 뜨겁고 아픈 건 어떻게 느낄까?

"마지막으로 피부에 대해 알아볼까? 너희들 손등에 있는 피부를 살짝 꼬집어 봐. 어떤 느낌이 나니?"

곽두기가 손등을 꼬집으며 말했다.

"아야! 아파요. 아픈 걸 느끼는 것도 감각인가요?"

"하하, 맞아. 아픔을 통증이라고도 불러. 통증을 느끼는 곳은 우리 몸을 둘러싸고 있는 피부란다."

"아, 그래서 피부도 감각 기관이라고 하셨군요?"

"맞아. 피부에서는 통증 말고도 피부를 누르는 힘도 느끼고, 피부에 물체가 닿는 접촉도 느껴. 또 물체가 우리 몸보다 차갑거나 따뜻한 것도 피부에서 느낀단다."

"우아, 피부에서는 여러 가지를 느끼네요!"

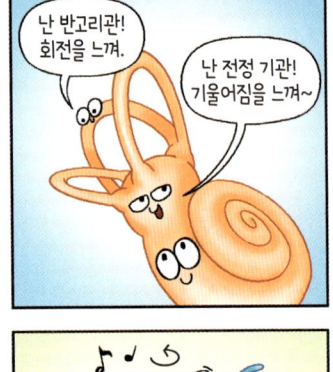

▲ 피부에서 받아들이는 여러 가지 자극

"그렇지. 이렇게 피부에서 다양한 자극을 받아들여 느끼는 감각을 '피부 감각'이라고 해."

"피부에서 그런 자극을 어떻게 느끼는 거죠?"

"피부에는 자극을 받아들이는 곳이 있는데, 이걸 '감각점'이라고 불러."

"감각점이요?"

"응. 피부는 다양한 자극을 받아들인다고 했지? 감각점에는 통점, 압점, 촉점, 냉점, 온점이 있고, 각자 다른 자극을 받아들여. 통점은 통증을, 압점은 누르는 힘을, 촉점은 접촉을, 냉점은 차가움을, 온점은 따뜻함을 느끼지. 감각점에는 이렇게 다섯 가지가 있단다."

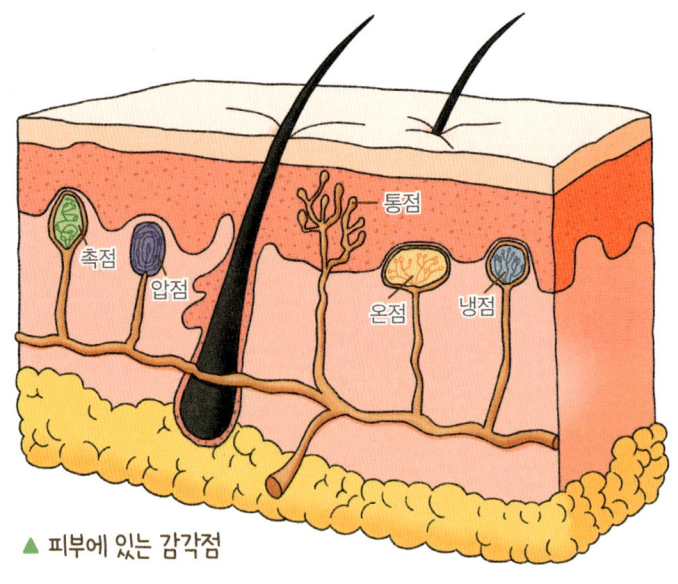

▲ 피부에 있는 감각점

곽두기가 눈을 동그랗게 뜨며 물었다.

"종류가 다섯 가지나 돼요?"

"그렇단다. 감각점 중에는 통점이 가장 많고, 온점이 가장 적어. 그래서 우리 몸은 피부 감각 중에서 통증을 가장 예민하게 받아들이지."

"하긴, 조금만 아파도 바로 알죠."

"또 몸의 각 부분마다 감각점의 개수가 조금씩 달라. 예를 들어 손가락 끝이나 입술은 다른 부분보다 감각점이 훨씬 많아. 그래서 작은 자극도 쉽게 받아들인단다."

그때 장하다가 손가락 끝을 물더니 소리를 질렀다.

"으악, 아파라."

"갑자기 손가락을 왜 물어?"

아이들이 묻자 장하다가 어깨를 으쓱였다.

"손가락 끝에 감각점이 많다고 해서, 정말 그런지 확인했지. 진짜 많은가 봐."

"어휴, 못 말려. 정말!"

**핵심정리**

피부의 감각점에서 통증, 누르는 힘, 접촉, 차가움, 따뜻함을 자극으로 받아들이는 걸 피부 감각이라고 해.

 용선생의 과학 현미경

## 매운맛과 떫은맛은 어떻게 느낄까?

매운맛과 떫은맛은 '맛'이라고 부르긴 하지만 혀의 맛세포에서 느끼는 미각이 아니야. 그러면 어디에서 매운맛과 떫은맛을 느낄까? 바로 혀 피부에 있는 감각점에서 느낀단다.

매운맛은 혀에 있는 통점과 온점이 통증과 따뜻함을 함께 받아들여 느끼는 감각이야. 또 떫은맛은 혀에 있는 부드러운 막이 오그라들어 눌리는 힘을 압점이 느끼는 감각이지.

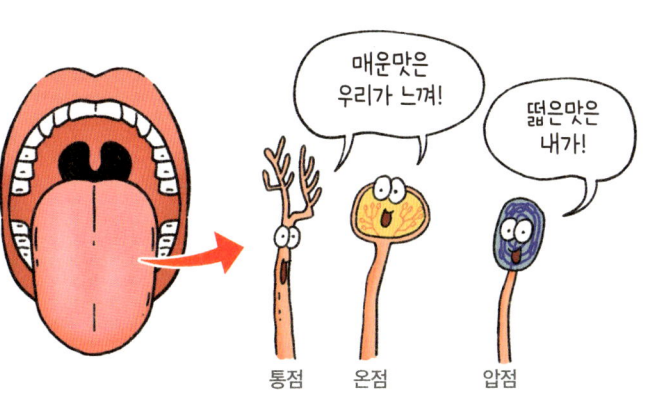

# 나선애의 정리노트

## 1. 여러 가지 감각

① ⓐ [          ]
- 코에서 기체 물질을 자극으로 받아들여 냄새를 맡음.
- 기체 물질 → 후각 세포 → 후각 신경 → 뇌

② 미각
- 혀에서 액체 물질을 자극으로 받아들여 맛을 느낌.
- 액체 물질 → 맛봉오리 → ⓑ [          ] → 미각 신경 → 뇌

③ 청각
- 귀에서 공기의 ⓒ [          ]을 자극으로 받아들여 소리를 들음.
- 소리 → 귓바퀴 → 귓구멍 → ⓓ [          ] → 귓속뼈 → 달팽이관(청각 세포) → 청각 신경 → 뇌

④ 평형 감각
- 귀의 반고리관과 전정 기관에서 각각 몸의 회전과 기울어짐을 자극으로 받아들여 느낌.

⑤ 피부 감각
- 피부의 ⓔ [          ]에서 통증, 누르는 힘, 접촉, 차가움, 따뜻함을 자극으로 받아들여 느낌.

ⓐ 후각 ⓑ 미세포 ⓒ 진동 ⓓ 고막 ⓔ 감각점

 과학퀴즈 달인을 찾아라!

●정답은 115쪽에

## 01

친구들이 이번 시간에 배운 내용에 대해 이야기하고 있어. 옳으면 O, 옳지 않으면 X를 표시해 줘.

① 음식의 맛은 후각과 미각을 합쳐서 느끼는 거야. (　　)
② 귀는 소리 말고 몸이 회전하는 자극도 받아들여. (　　)
③ 우리 몸에는 감각점 중 온점이 가장 많아. (　　)

## 02

나선애가 미로를 통과하려고 해. 귀에서 진동이 전달되는 부분을 골라 따라가면 올바른 길이 나올 거야. 나선애가 미로를 잘 빠져나올 수 있게 도와줘.

https://cafe.naver.com/yongyong

## 용선생의 과학 카페

과학계의 핵인싸, 용선생의 과학 카페에 오신 걸 환영합니다.

Log in

MENU

물리면 아프다
화학이 화하하
생물 오징어
지구는 둥글다

### 맛을 구별하는 것이 중요한 까닭은?

도라지나물을 먹어 본 적 있니? 아마 쓴맛이 나서 먹기 힘들었을 거야. 맛을 느끼지 못한다면 쉽게 먹었을 텐데, 어째서 우리 몸은 맛을 구별하는 걸까?

사람이 건강하게 살아가려면 다양한 음식을 먹고 여러 가지 영양소를 골고루 얻어야 해. 또 상하거나 독이 있는 음식을 먹으면 아프거나 죽을 수도 있으니 반드시 피해야 하지. 그래서 우리 몸은 맛을 구별하여 음식 속 물질이 몸에 필요한지, 위험한지를 판단한단다.

먼저 탄수화물이라는 영양소가 있는 음식에서는 단맛이 나. 살아가는 데 필요한 에너지를 내려면 탄수화물이 반드시 필요하기 때문에 사람들은 단맛이 나는 음식을 좋아하지. 우리 몸은 단백질이라는 영양소도 필요로 하는데, 고기나 생선을 비롯해 콩처럼 단백질이 풍부한 식품에서는 감칠맛이 난단다. 또 사람은 소금을 적절히 먹어야 살 수 있어. 그래서 짠맛을 구별하게 되었지.

▲ 단맛이 나는 사탕

▲ 감칠맛이 나는 고기

▲ 짠맛이 나는 소금

그런가 하면 상한 음식은 신맛이 심하게 나고, 독이 있는 물질은 쓴맛을 내는 경우가 많아. 우리 몸은 신맛과 쓴맛을 느낌으로써 위험한 물질을 구별하지. 그래서 사람은 대체로 신맛과 쓴맛을 좋아하지 않는단다.

하지만 신맛과 쓴맛이 나는 음식이 모두 몸에 위험한 건 아니야. 신맛이 나는 식초나 레몬 같은 음식은 입맛을 돋우고, 피로를 풀어 줘. 또 사람들은 쓴맛 나는 식물을 약으로 쓰기도 하고, 심지어 그 맛을 즐기기도 해. 어른들이 쓴 커피를 즐겨 마시는 게 이 경우이지.

▲ 신맛이 나는 레몬

▲ 쓴맛이 나는 커피

그런데 어린이는 어른보다 혀에 맛봉오리가 훨씬 많아서 음식에서 받아들이는 자극도 더 많아. 그중에서도 쓴맛을 잘 느끼니까 쓴맛이 나는 약이나 음식 먹는 걸 좋아하지 않는 거란다.

▲ 쓴맛이 나는 한약

### 장하다의 오답을 피하는 방법
### 나선애의 야무진 실험실
### 왕수재의 아는 척 과학교실
### 허영심의 별 헤는 밤
### 곽두기의 빅뱅 따라잡기

## COMMENTS

어쩐지 한약이 너무 쓰더라!
ㄴ 몸에 좋은 약이 입에 쓰대.
ㄴ 장하다가 이런 말을 하다니!

"수재 형, 왜 헬멧을 쓰고 있어?"

곽두기가 왕수재의 머리를 가리키며 물었다.

"아차, 헬멧 벗는 걸 깜빡했네. 잠깐 집에 들렀다가 자전거 타고 오느라 썼지."

"그랬구나. 난 헬멧 쓰기 싫은데, 엄마가 잔소리하셔서 억지로 써."

"나도 그래! 귀찮고 답답한데 왜 쓰라는 거지?"

장하다가 투덜거리자 용선생이 다가와 말했다.

"흐음, 헬멧은 머리에 있는 뇌를 보호하기 위해 쓴단다."

"아, 뇌가 중요하다는 말은 많이 들어 봤어요."

"맞아, 뇌는 아주 중요한 일을 해. 뇌가 무슨 일을 하는지 알면 헬멧을 꼭 쓰고 싶어질걸?"

"그래요? 어서 알아봐요!"

## 몸 곳곳에 어떻게 신호를 전달할까?

"좋아. 뇌가 무슨 일을 하는지 알기 전에, 뇌가 무엇으로 이루어져 있는지부터 알아보자."

아이들이 고개를 끄덕이자 용선생이 말을 이었다.

"우리 몸의 각 부분은 각자 맡은 일이 달라. 예를 들면 눈은 물체를 보고, 손은 물체를 잡지. 몸의 각 부분은 서로 신호를 주고받으며 맡은 일을 해."

"신호요? 그걸 어떻게 주고받아요?"

"신호를 전달하는 세포를 이용하지. 이 세포를 '뉴런'이라고 해. 우리 몸에는 구석구석까지 수많은 뉴런이 뻗어 있고, 이 뉴런이 모인 걸 '신경계'라고 불러. 뇌도 뉴런으로 이루어져 있고, 신경계에 속한단다."

나선애가 노트를 뒤적이며 물었다.

"지난번에 배운 시각 신경도 신경계와 관련 있나요?"

"응. 시각 신경도 신경계에 속하고 뉴런으로 이루어져 있어. 시각 세포에서 빛 자극을 받으면 뉴런을 통해 뇌로 신호를 전달하지."

"그럼 뉴런은 신호를 어떻게 전달하나요?"

"뉴런은 전기로 신호를 전달해."

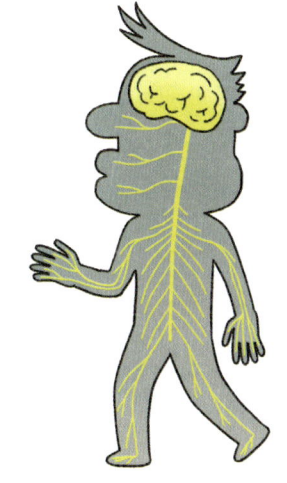

▲ **신경계** 온몸 구석구석에 뻗어 있는 뉴런으로 이루어져 있어.

"전기요? 전기는 전선에 흐르는 거 아니에요?"

"맞아. 쉽게 말하면 뉴런은 우리 몸에서 전선 역할을 해. 전선에 전기가 흐르는 것처럼, 뉴런에도 전기가 흐르지."

허영심이 걱정스레 물었다.

"근데 몸에 전기가 흐르면 감전되지 않나요?"

"하하, 걱정할 필요 없어. 뉴런에는 아주 약한 전기가 흐르거든. 전등을 켜거나 컴퓨터를 작동시킬 정도로 세지 않단다. 뉴런이 어떻게 생겼는지 살펴볼까?"

"네, 어떻게 생겼는지 궁금해요."

용선생은 화면을 띄우며 말했다.

"뉴런은 폭이 $\frac{1}{10}$mm(밀리미터)도 안 될 정도로 아주 좁지만, 길이는 훨씬 길어. 사람의 다리에 있는 뉴런은 길이가 약 1m(미터)나 된단다."

"우아! 정말 기네요!"

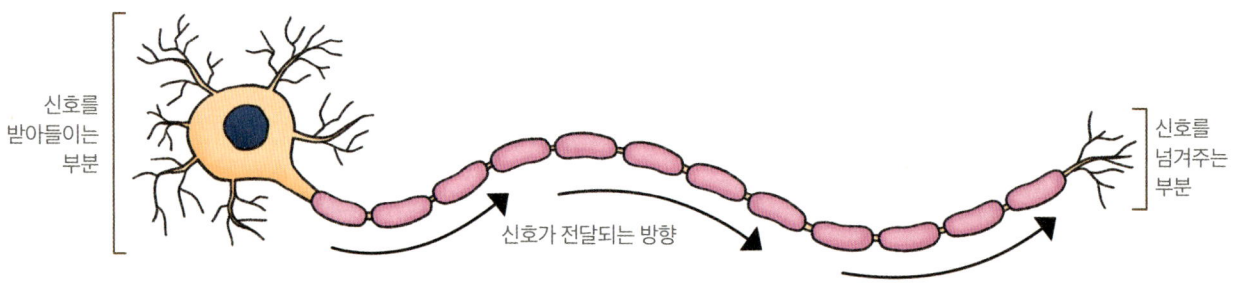

▲ 뉴런의 구조

"기다란 뉴런의 양쪽 끝에는 신호를 주고받는 가지가 나 있어. 먼저 그림에서 뉴런의 왼쪽 끝부분을 봐. 머리처럼 생긴 커다란 부분에 가지가 많이 나 있지? 이 부분에서 신호를 받아들여."

"오, 그런 다음에 어떻게 되나요?"

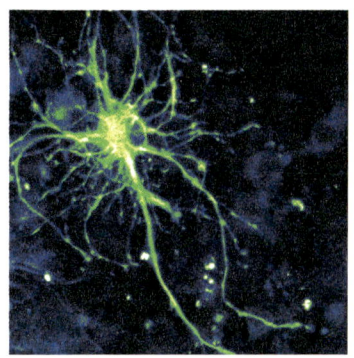
▲ 현미경으로 약 40배 확대하여 관찰한 뉴런

"받아들인 신호는 전기 신호의 형태로 뉴런을 따라 흐른 다음, 가지가 적게 나 있는 반대쪽 끝부분에 전달돼. 그림에서 오른쪽 부분이지. 이곳에서 다음 뉴런으로 신호를 넘겨준단다. 마치 이어달리기 선수가 바통을 넘겨주는 것처럼 말이야."

"가지가 적은 쪽은 신호를 넘겨주기만 하나요? 신호를 받을 수는 없어요?"

왕수재가 안경을 고쳐 쓰며 물었다.

"그래, 뉴런에서 가지가 적은 쪽은 신호를 넘겨주기만 해. 뉴런에서 전기 신호는 양쪽으로 오가는 게 아니라, 한쪽 끝에서 다른 끝을 향해 한 방향으로만 전달되거든. 그러니 하나의 뉴런에는 신호를 받아들이는 가지와 넘겨주

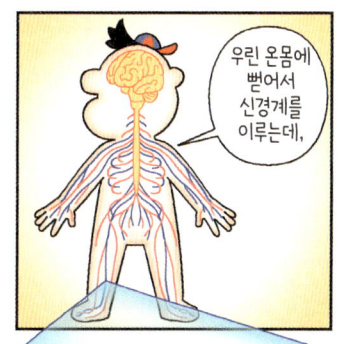

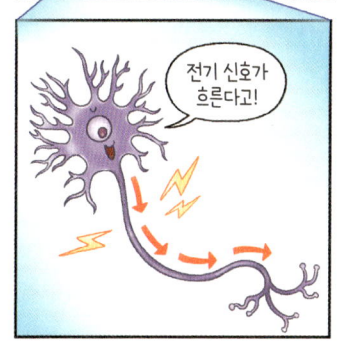

는 가지가 따로 있지. 한 뉴런은 다음 뉴런으로 이어가며 신호를 막힘없이 전달하고 있어."

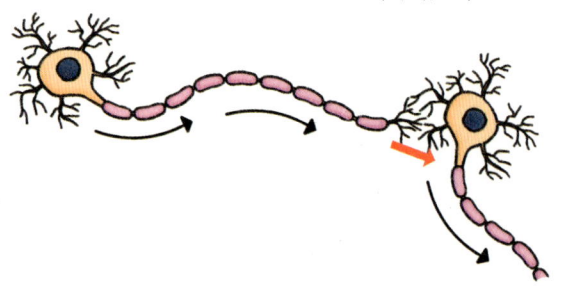

▲ 뉴런과 뉴런의 신호 전달은 이어달리기처럼 일어나.

**핵심정리**

우리 몸에는 전기 신호를 전달하는 뉴런이 구석구석 뻗어 있어. 뉴런이 모인 걸 신경계라고 불러. 뉴런은 한 방향으로만 신호를 전달해.

## 뉴런도 여러 종류가 있어

곽두기가 고개를 갸웃거리며 말했다.

"근데 왜 굳이 여러 뉴런으로 이어서 신호를 전달하는 거죠? 뉴런이 딱 하나만 있으면 안 돼요?"

"뉴런 하나만으로는 필요한 신호를 모두 전달할 수 없어. 예를 들어 팔을 뻗어 연필을 잡을 때를 생각해 봐. 먼저 눈으로 연필을 본 다음, 팔을 뻗지. 또 팔과 다리를 동시에 움직여야 할 때도 있어. 이렇게 몸의 각 부분이 맡은 일이 달라서, 우리 몸은 신호를 여러 개 전달해야 한단다."

"아, 뉴런 하나만으로는 안 되겠네요."

"그래. 뉴런은 하는 일에 따라 세 종류로 나뉘어."

아이들이 눈을 크게 뜨며 물었다.

"뉴런이 세 종류나 있어요? 어떤 건데요?"

"감각 뉴런, 연합 뉴런, 운동 뉴런, 이렇게 세 종류야. 먼저 감각 뉴런은 감각 기관에서 받아들인 자극을 연합 뉴런으로 전달하지."

"흠, 그럼 연합 뉴런은 무슨 일을 해요?"

"연합 뉴런은 감각 뉴런으로부터 전달받은 자극을 느끼고 판단하여 명령을 내려."

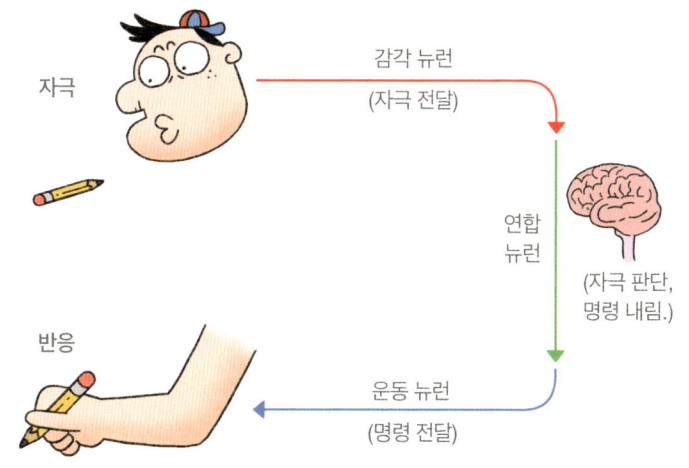

▲ 뉴런에는 감각 뉴런, 연합 뉴런, 운동 뉴런이 있어.

"오, 정말 종류마다 하는 일이 다르네요."

"마지막으로 운동 뉴런은 연합 뉴런으로부터 받은 명령을 몸의 각 부분으로 전달하여 적절한 반응을 일으키지."

장하다가 팔을 휘두르며 말했다.

"이런 행동이 다 뉴런을 통해 신호를 전달해서 하는 거였군요!"

"하하, 아까 뉴런이 모여서 신경계를 이룬다고 했지? 신경계도 크게 두 종류로 나눌 수 있어. 바로 중추 신경계와 말초 신경계란다. 중추 신경계는 연합 뉴런으로 이루어져 있고, 말초 신경계는 감각 뉴런과 운동 뉴런으로 되어 있어."

**곽두기의 낱말 사전**

중추 가운데 중(中) 중앙 추(樞). 어떤 사물의 중심부 또는 중요한 부분을 말해.

말초 끝 말(末) 끝 초(梢). 어떤 사물의 끝부분을 말해.

**핵심정리**

뉴런에는 감각 뉴런, 연합 뉴런, 운동 뉴런이 있어. 연합 뉴런은 중추 신경계를, 감각 뉴런과 운동 뉴런은 말초 신경계를 이뤄.

 중추 신경계가 하는 일은?

"선생님! 그리고 보니 뇌도 신경계에 속한다고 하지 않으셨어요?"

"맞아! 뇌는 바로 중추 신경계에 속해. 연합 뉴런으로 이루어져 있는 중추 신경계는 자극을 판단하고 명령을 내리는 일을 하지."

"왠지 엄청 중요한 일 같아요."

"그럼! 뇌는 중요한 일을 하는 곳이기 때문에 단단한 머리뼈로 둘러싸여 있어. 외부 충격으로부터 보호하기 위해서 말이야. 뇌가 어떻게 생겼는지 볼까?"

용선생이 화면을 띄우자 허영심이 얼굴을 찌푸렸다.

"으으, 징그러워라. 쭈글쭈글 주름이 많네요?"

"그래. 좁은 머리뼈 안에 수많은 뉴런이 모여 뇌를 이루다 보니 주름이 많아. 뇌는 하나의 큰 덩어리처럼 보이지만, 서로 다른 일을 하는 여러 부분으로 나뉘지."

용선생은 화면을 바꿨다.

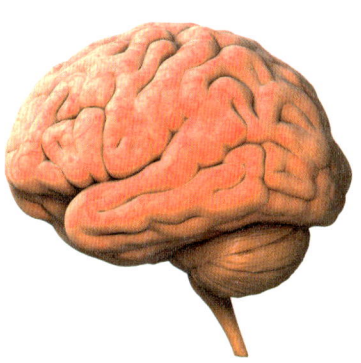

▲ 사람의 뇌 모형

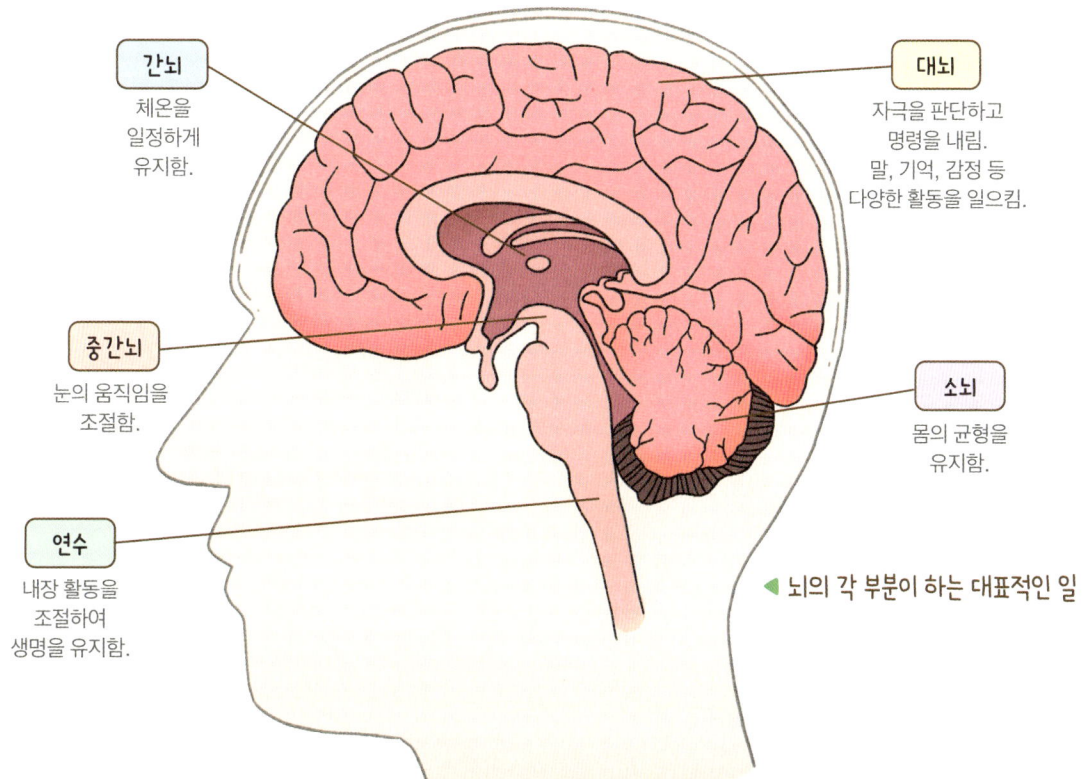

**간뇌** 체온을 일정하게 유지함.

**대뇌** 자극을 판단하고 명령을 내림. 말, 기억, 감정 등 다양한 활동을 일으킴.

**중간뇌** 눈의 움직임을 조절함.

**소뇌** 몸의 균형을 유지함.

**연수** 내장 활동을 조절하여 생명을 유지함.

◀ 뇌의 각 부분이 하는 대표적인 일

"대뇌, 소뇌, 간뇌, 중간뇌, 연수…… 정말 여러 부분이 있네요! 각 부분마다 모두 다른 일을 하는 거죠?"

"응. 먼저 뇌의 대부분을 차지하는 대뇌는 자극을 판단하고 명령을 내려서 우리의 행동을 결정해. 또 말하고 기억하는 것처럼 복잡한 활동도 일으키지."

"오호, 대뇌가 그런 걸 하는군요!"

"소뇌는 몸의 균형을 유지하고, 간뇌는 체온을 일정하게 유지하도록 조절해. 중간뇌는 눈의 움직임을 조절하지. 또 연수는 심장, 폐, 위 같은 내장 활동을 조절하여 생명을 유지한단다."

"이야, 이런 중요한 명령을 모두 뇌에서 내리는군요."

"헬멧을 꼭 써서 뇌를 보호해야겠어요!"

"하하, 잘 생각했네! 근데 중추 신경계에는 뇌 말고도 하나가 더 있어. 바로 뇌와 몸을 연결하는 척수란다."

"흐음, 척추요?"

> **나선애의 과학 사전**
>
> 체온 몸 체(體) 온도 온(溫). 몸속 온도를 말해.

> **나선애의 과학 사전**
>
> 척수 등골뼈 척(脊) 골수 수(髓). 등 한가운데 있는 뼈인 척추 안에 들어 있는 신경계를 말해.
>
> 척추 등골뼈 척(脊) 등뼈 추(椎). 우리 몸을 지지하는 기둥 역할을 하는 뼈로, 등 한가운데에 위아래로 뻗어 있어.

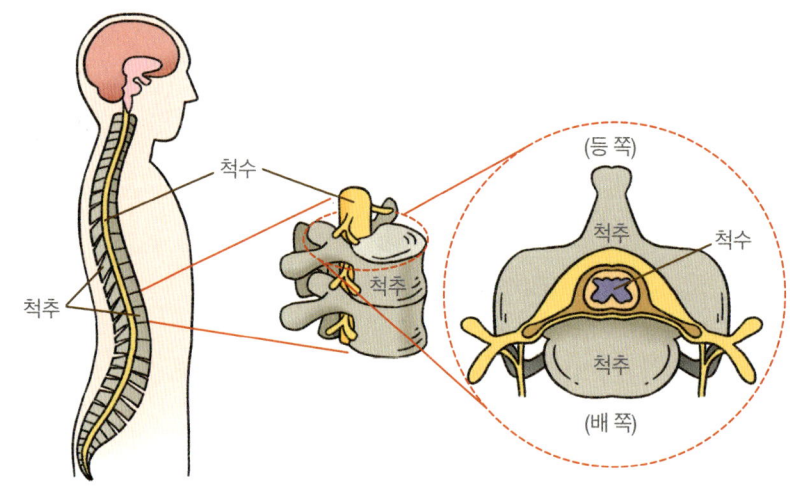

▶ 척수의 위치와 구조

"아니, 척수! 등 한가운데에 위아래로 곧게 뻗어 있는 뼈가 척추고, 척추 안에 척수가 들어 있어."

"어휴, 헷갈리지만 구분해야겠네요."

"뇌가 머리뼈로 싸인 것처럼 척수는 척추에 싸여 있고, 뇌와 마찬가지로 연합 뉴런으로 이루어져 있지. 척수는 뇌의 제일 아랫부분인 연수와 연결되어 있어."

"아, 뇌와 척수가 연결되어 있군요?"

"그렇지. 팔다리와 몸통의 감각 기관에서 받아들인 자극은 척수를 통해 뇌로 전달되고, 뇌의 명령은 척수를 통해 온몸으로 전달돼. 한마디로 척수는 뇌와 몸 사이의 연결 통로인 셈이야."

"우아, 척수도 중요한 일을 하네요!"

그때 곽두기가 벌떡 일어나 말했다.

"선생님! 지금 제 중추 신경계에서 자꾸만 간식을 먹으라는 명령을 내리는데 어떡하죠?"

"하하, 좋아. 수업은 이만하고, 중추 신경계의 명령을 따라 매점으로 출발!"

핵심정리

연합 뉴런으로 이루어진 뇌는 대뇌, 소뇌, 간뇌, 중간뇌, 연수로 나뉠 수 있어. 뇌와 척수는 중추 신경계에 속해.

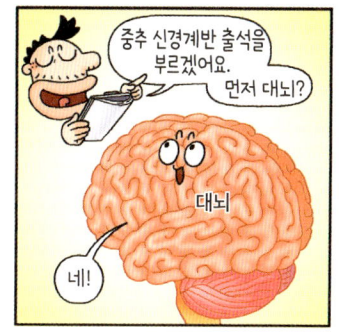

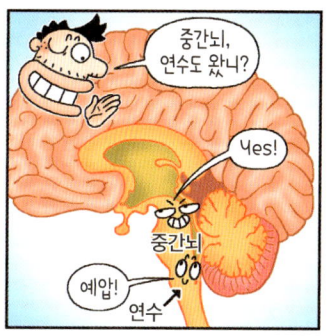

## 나선애의 정리노트

### 1. 신경계
① 중추 신경계와 말초 신경계로 나뉨.
② 전기 신호를 전달하는 세포인 ⓐ [　　] 으로 이루어져 있음.
- 감각 뉴런: 감각 기관에서 받아들인 자극을 연합 뉴런으로 전달함.
- ⓑ [　　] 뉴런: 자극을 판단하고 명령을 내림.
- 운동 뉴런: 연합 뉴런의 명령을 몸의 각 부분으로 전달함.

### 2. ⓒ [　　] 신경계
① 자극을 판단하여 명령을 내리는 일을 하는 신경계
② 연합 뉴런으로 이루어져 있음.
- 뇌: 서로 다른 일을 하는 여러 부분으로 나뉨.

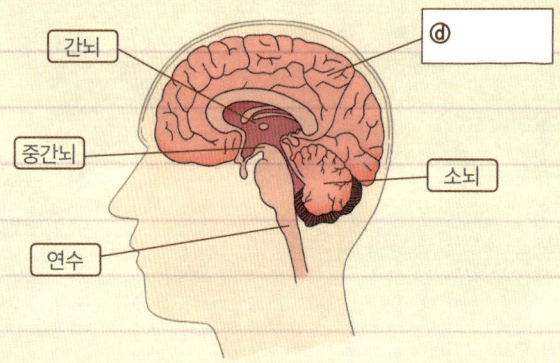

- ⓔ [　　] : 뇌와 몸 사이를 연결함.

ⓐ 뉴런 ⓑ 연합 ⓒ 중추 ⓓ 대뇌 ⓔ 척수

 **과학퀴즈** 달인을 찾아라!

●정답은 115쪽에

## 01

친구들이 이번 시간에 배운 내용에 대해 이야기하고 있어. 옳으면 O, 옳지 않으면 X를 표시해 줘.

① 감각 기관에서 받아들인 자극을 전달하는 건 연합 뉴런이야. (　　)

② 뉴런은 한 방향으로만 신호를 전달해. (　　)

③ 척수는 척추 안에 들어 있어. (　　)

## 02

친구들이 과학관으로 현장 학습을 가려고 해. 중추 신경계에 대해 옳은 설명을 따라가면 길을 찾을 수 있대. 친구들이 길을 찾을 수 있게 도와줘!

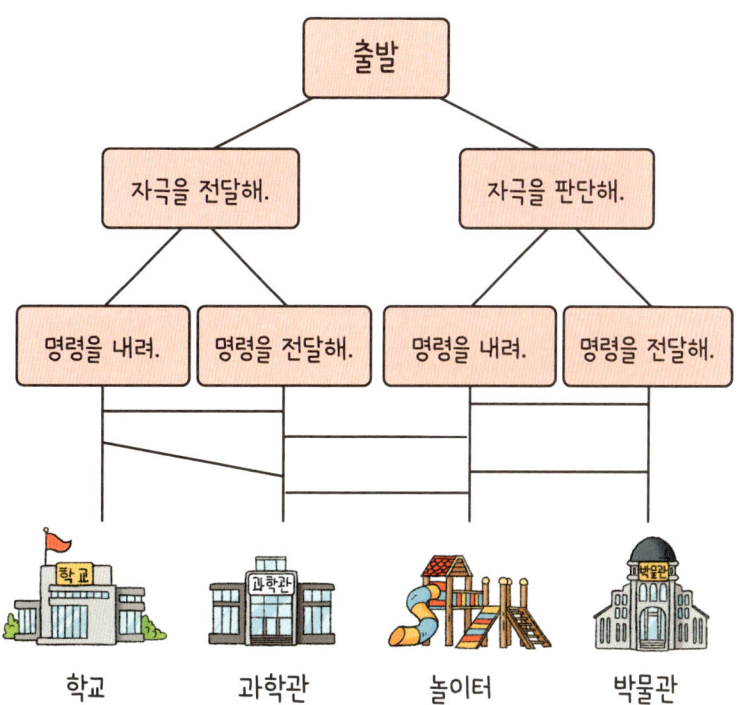

**4교시 | 자극에서 반응까지**

# 무릎을 때리면 왜 다리가 저절로 펴질까?

의사 선생님이 망치를 들고 있어.

망치로 무릎을 치려나 봐!

나선애가 과학실에 들어서며 말했다.

"얘들아, 이것 좀 봐. 내가 어제 본 동영상인데, 정말 신기해."

"그래? 어떤 건데?"

"의사 선생님이 환자의 무릎을 고무망치로 쳤더니, 환자의 다리가 저절로 펴졌어."

"에이, 환자가 일부러 다리를 편 거겠지."

"아니야! 저절로 펴진 거래."

"흠, 아무래도 난 못 믿겠어. 어떻게 된 건지 선생님께 여쭤볼래."

그때 용선생이 껄껄 웃으며 다가왔다.

"하하, 다리가 저절로 펴진 까닭이 궁금하구나? 모두 자리에 앉아 봐. 오늘 같이 알아보자."

"네!"

## 말초 신경계는 어떤 일을 할까?

아이들이 자리에 모두 앉자 용선생이 말했다.

"환자의 무릎을 쳤을 때 다리가 저절로 펴진 건 신경계와 관련이 있어. 지난 시간에 신경계에는 중추 신경계와 말초 신경계가 있다고 했지?"

왕수재가 잽싸게 공책을 넘기더니 말했다.

"네, 뇌와 척수가 중추 신경계에 속해요."

"잘 기억하고 있구나. 또 중추 신경계는 연합 뉴런으로 이루어져 있고, 말초 신경계는 감각 뉴런과 운동 뉴런으로 이루어져 있다고도 했어."

"기억나요. 뉴런은 연합 뉴런, 감각 뉴런, 운동 뉴런 세 종류가 있었죠."

"맞아. 그중 몸에 있는 감각 뉴런 전체를 감각 신경이라고 불러. 감각 신경은 온몸에 뻗어 있고, 자극을 중추 신경계로 전달하지."

"어떤 게 감각 신경이에요?"

"눈, 코, 귀, 혀, 피부 같은 감각 기관에서 받은 자극을 중추 신경계로 전달하는 게 감각 신경이야. 지난 시간에 배웠던 시각 신경이나 후각 신경도 다 감각 신경이지."

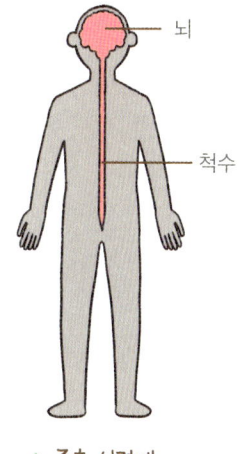
▲ 중추 신경계

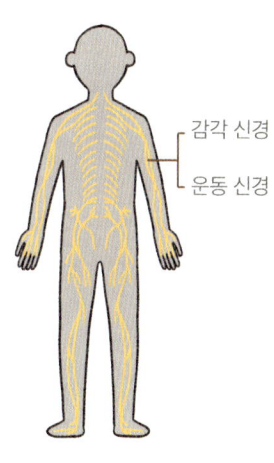
▲ 말초 신경계

"그럼 운동 뉴런 전체는 운동 신경이라 부르나요?"

"오, 예리한데? 맞아. 운동 신경은 중추 신경계의 명령을 온몸으로 전달해. 이렇듯 말초 신경계는 감각 신경과 운동 신경으로 나눌 수 있단다."

장하다가 고개를 갸웃거리며 말했다.

"근데 운동 신경은 운동이랑 무슨 관계인가요?"

"운동 신경은 우리 몸 곳곳에 있는 근육에 연결되어 있어. 중추 신경계의 명령이 운동 신경을 통해 전달되면 근육이 움직여 운동을 하게 돼."

"그럼 눈이나 코에는 감각 신경만 연결되어 있고, 팔이나 다리에는 운동 신경만 연결되어 있어요?"

"하하, 그렇지 않아. 감각 신경과 운동 신경은 온몸에 함께 뻗어 있단다. 예를 들어 손가락에는 감각 신경뿐 아니라 운동 신경도 있어."

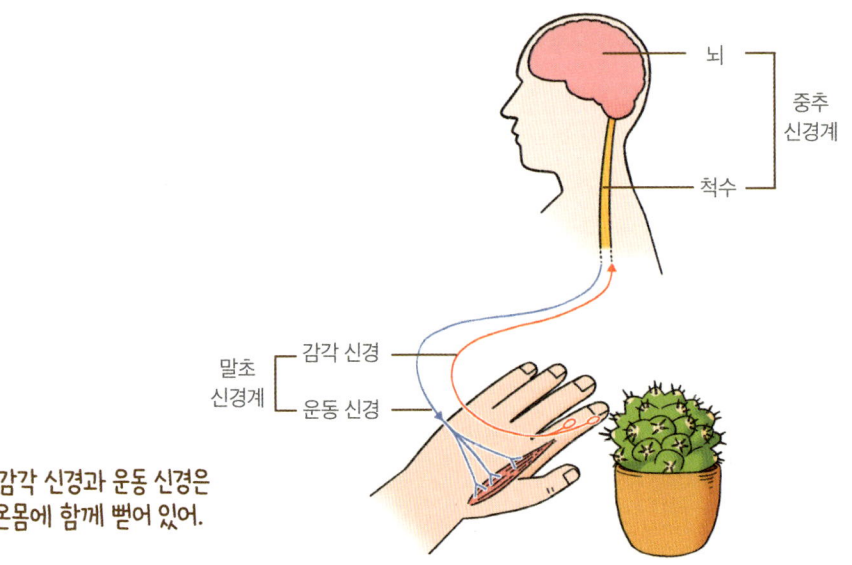

▶ 감각 신경과 운동 신경은 온몸에 함께 뻗어 있어.

"아, 그러고 보니 손가락은 통증을 느끼기도 하고, 움직이기도 하네요."

"그래. 다른 부위도 마찬가지야. 우리 몸 곳곳에는 감각 신경과 운동 신경이 함께 뻗어 있지. 감각 신경이 자극을 중추 신경계로 전달하면, 중추 신경계는 자극을 판단하여 적절한 명령을 내려. 그럼 운동 신경이 중추 신경계의 명령을 몸 곳곳에 전달한단다."

말초 신경계는 감각 신경과 운동 신경으로 나뉘어. 감각 신경은 자극을 중추 신경계로 전달하고, 운동 신경은 중추 신경계의 명령을 몸 곳곳에 전달해.

 ## 자극을 느끼고 반응하기까지

나선애가 손을 들고 물었다.

"그러면 감각 신경과 운동 신경 사이에 항상 명령을 내리는 중추 신경계를 거치는 건가요?"

"그렇단다! 우리 몸에 자극이 주어질 때 반응이 일어나는 과정을 하나하나 따라가 보자. 이걸 보렴."

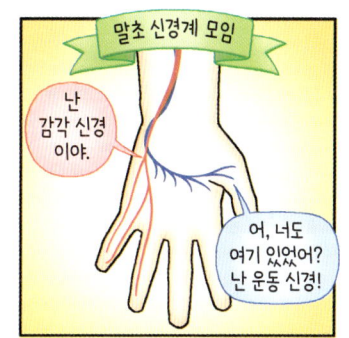
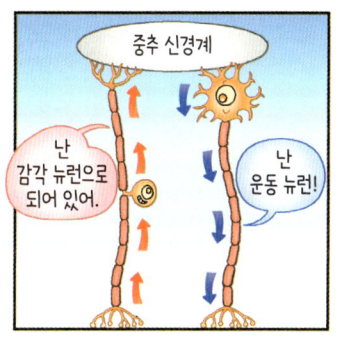
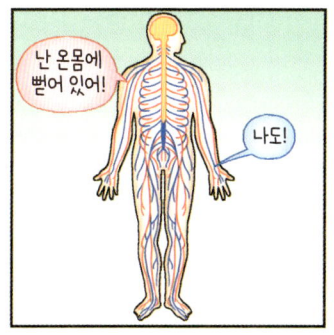

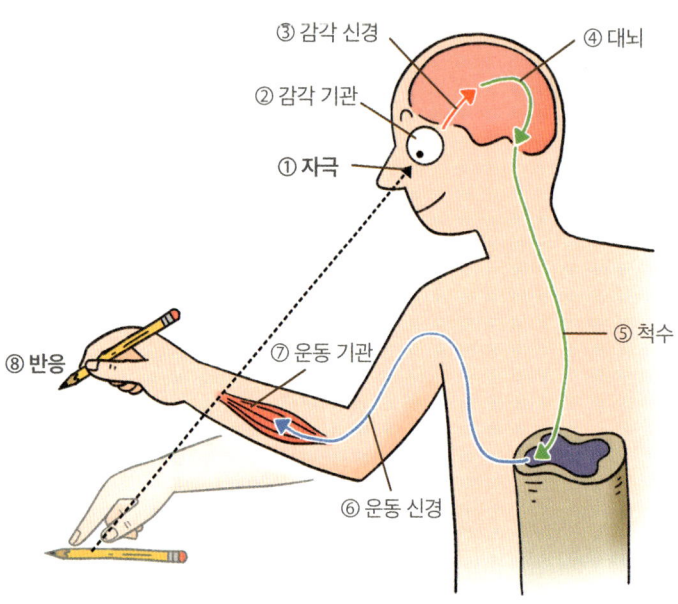

자극 → 감각 기관 → 감각 신경 → 대뇌 → 척수 → 운동 신경 → 운동 기관 → 반응

▲ 자극이 주어질 때 반응이 일어나는 과정 연필을 보고 들어올리는 과정이야.

"일단 자극을 감각 기관에서 받아들이네요?"

"그래. 감각 기관에서 받아들인 자극은 감각 신경을 통해 대뇌로 전달돼. 대뇌는 자극을 판단하여 명령을 내리지. 명령이 척수를 거쳐 운동 신경을 통해 운동 기관인 근육으로 전달되면 근육이 움직여 반응이 일어나."

아이들이 고개를 끄덕이자 용선생이 말을 이었다.

"이처럼 우리 몸이 자극에 반응할 땐 항상 중추 신경계를 거친단다. 이번엔 조금 더 복잡하게 육상 선수가 심판의 총소리를 듣고 출발하는 상황을 생각해 보자. 자극이 주어질 때부터 반응이 일어나기까지 과정을 말해 볼래?"

**용선생의 과학 현미경**

몸에서 감각을 담당하는 곳을 감각 기관이라 부르는 것처럼, 운동을 담당하는 곳을 운동 기관이라고 불러. 반응이 일어나는 곳이라서 반응 기관이라고도 부른단다.

자극 → 감각 기관 → 감각 신경　　→　　대뇌 → 척수　　→　　운동 신경 → 운동 기관 → **반응**

곰곰이 생각하던 아이들이 번갈아 일어나 말했다.

"일단 귀에서 총소리를 받아들이면 자극이 감각 신경을 통해 대뇌로 전달돼요."

"그러면 대뇌가 자극을 판단해서 출발하라는 명령을 내려요."

"그 명령은 척수를 거쳐 운동 신경을 통해 다리에 있는 근육으로 전달돼요."

"참, 그러고 보니 달릴 때 팔도 휘두르니까, 명령은 팔에 있는 근육으로도 전달될 것 같아요."

"드디어 근육이 움직여서 육상 선수가 출발해요."

용선생이 활짝 웃으며 말했다.

"와! 다들 우리 몸에서 자극이 주어질 때 반응이 일어나는 과정을 잘 이해했구나. 이렇게 대뇌의 명령에 따라 일어나는 반응을 '의식적인 반응'이라고 해. 이 반응은 보통

 곽두기의 낱말 사전

의식 생각할 의(意) 알 식(識). 깨어 있는 상태에서 자기 자신이나 사물을 알고 이해하는 것을 말해.

$\frac{1}{10}$초 정도가 걸려."

"이야, 복잡한 반응인데도 정말 순식간에 일어나네요!"

**핵심정리**

자극은 감각 신경을 통해 중추 신경계로 전달되고, 중추 신경계가 내린 명령은 운동 신경을 통해 운동 기관에 전달되어 반응을 일으켜. 대뇌의 명령에 따라 일어나는 반응을 의식적인 반응이라고 해.

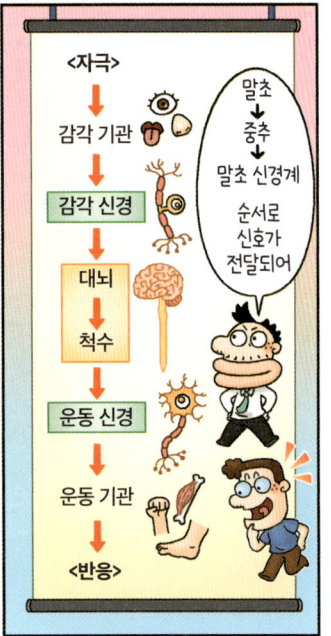

## 대뇌의 명령을 받지 않는 반응은?

"선생님, 그럼 무릎을 망치로 때렸을 때 다리가 저절로 펴진 것도 의식적인 반응인가요?"

허영심이 묻자 용선생이 웃으며 말했다.

"후후, 안 그래도 이제 그 얘기를 하려던 참이야. 그건 의식적인 반응이 아니란다. 우리 몸의 반응 중에는 대뇌의 명령을 받지 않는 반응도 있거든."

"네? 그럼 어디서 명령을 받아요?"

"대뇌가 아닌 다른 중추 신경계의 명령을 받지. 주로 척수, 연수, 중간뇌가 이런 명령을 내려. 이렇게 대뇌와 관계

없이 일어나는 반응을 '무조건 반사'라고 해. 무조건 반사는 생각할 겨를도 없이 저절로 일어나."

"그럼 다리가 저절로 펴진 건 무조건 반사인가요?"

"응. 무릎을 쳤을 때 다리가 저절로 펴지는 것은 척수의 명령을 받는 무조건 반사란다."

용선생은 화면을 바꿨다.

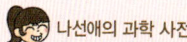

**나선애의 과학 사전**

반사 되돌릴 반(反) 쏠 사(射). 자극이 주어질 때 무의식적으로 일어나는 반응을 말해.

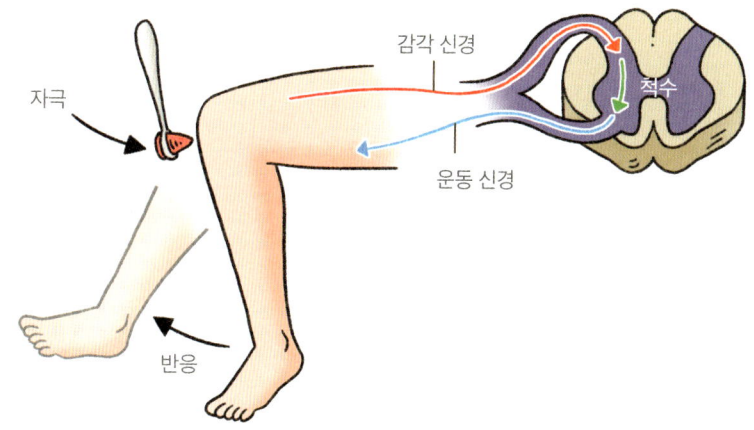

▲ 무릎을 쳤을 때 무조건 반사가 일어나는 과정

"통증이나 뜨거움 같은 강하고 위험한 자극이 감각 신경을 통해 척수에 전달되면, 척수에서 바로 명령이 내려지고 운동 신경을 통해 근육으로 전달돼."

"오, 정말 대뇌의 명령을 받지 않고 반응이 일어나네요."

"또 다른 무조건 반사는 없나요?"

"물론 있어. 먼지가 많이 나는 곳에서는 저절로 재채기

저절로 재채기를 함.                    저절로 동공이 작아짐.

▲ **무조건 반사의 또 다른 예**

가 나오지? 이건 연수가 조절하는 무조건 반사야. 또 지난 시간에 갑자기 밝아지면 동공이 작아져서 눈에 들어오는 빛의 양을 줄인다고 했지? 이건 중간뇌가 조절한단다."

곽두기가 눈을 깜빡이며 말했다.

"정말 무조건 반사는 참거나 생각할 겨를도 없이 바로 일어나는 반응이네요."

"맞아. 무조건 반사는 대체로 $\frac{1}{100}$초 만에 반응이 일어나. 의식적인 반응보다 훨씬 빠르게 일어나지."

왕수재가 팔짱을 끼며 말했다.

"선생님, 궁금한 게 있어요. 무조건 반사를 일으킨 자극은 척수까지만 전달되고 대뇌로는 전달되지 않나요?"

"하하, 좋은 질문이야. 무조건 반사를 일으킨 자극도 대뇌로 전달돼. 예를 들어 냄비가 뜨거워서 곧바로 손을 떼

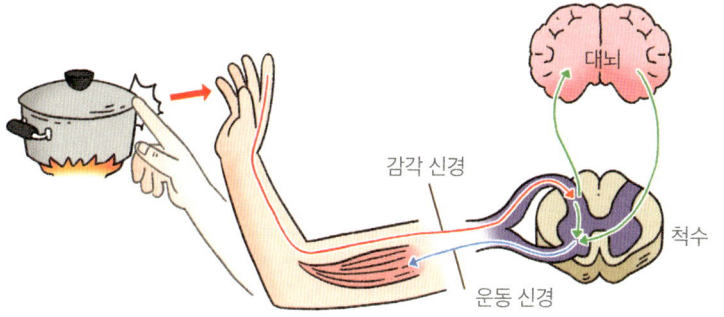

▲ 무조건 반사를 일으킨 자극도 대뇌로 전달돼.

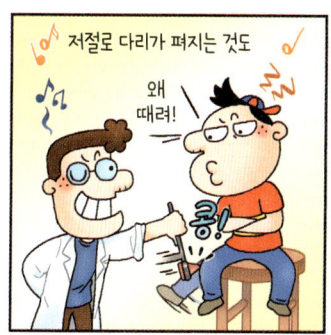

는 건 무조건 반사가 맞아. 근데 이 자극은 대뇌로도 전달돼. 자극이 전달되면 대뇌가 뜨겁다는 판단을 내리고, 손을 후후 불거나, 차가운 물에 손을 넣으란 명령을 내리지."

"그럼 무조건 반사가 먼저 일어나고 그 다음에 의식적인 반응이 일어나는 거네요?"

"그렇지! 이제 모르는 게 없구나!"

그때 장하다가 뽕 하고 방귀를 뀌었다.

"선생님, 혹시 방귀 뀌는 것도 무조건 반사인가요?"

"어휴, 잠깐 참을 수 있었는데 그게 무조건 반사겠니?"

"하하. 영심이 말이 맞아. 큼큼, 그럼 수업은 이쯤 하고 창문을 열자!"

 **핵심정리**

대뇌와 관계없이 일어나는 반응을 무조건 반사라고 해.

# 나선애의 정리노트

## 1. 말초 신경계
① 감각 신경과 운동 신경으로 나뉨.
- 감각 신경: ⓐ [　　　]으로 이루어져 있음. 자극을 전달함.
- ⓑ [　　　] : 운동 뉴런으로 이루어져 있음. 명령을 전달함.

## 2. 자극이 주어질 때 반응이 일어나는 과정
① 의식적인 반응: ⓒ [　　　]를 거쳐 일어남.
- 자극 → 감각 기관 → 감각 신경 → 대뇌 → 척수 → 운동 신경 → ⓓ [　　　] → 반응

② ⓔ [　　　] 반사: 대뇌와 관계없이 일어남.
- 자극 → 감각 기관 → 감각 신경 → (척수/연수/중간뇌) → 운동 신경 → 운동 기관 → 반응

정답: ⓐ 감각 뉴런 ⓑ 운동 신경 ⓒ 대뇌 ⓓ 운동 기관 ⓔ 무조건

 **과학퀴즈 달인을 찾아라!**

●정답은 115쪽에

## 01

친구들이 이번 시간에 배운 내용에 대해 이야기하고 있어. 옳으면 O, 옳지 않으면 X를 표시해 줘.

①  말초 신경계는 감각 신경과 운동 신경으로 나뉘어. (　　)

②  연필을 잡으려고 팔을 뻗는 건 무조건 반사야. (　　)

③ 뜨거운 걸 만졌을 때 손을 떼는 건 의식적인 반응이야. (　　)

## 02

곽두기가 편의점에 가고 있어. 무조건 반사와 관계된 신경계가 있는 길을 골라 따라가면 무서운 개를 피해 무사히 도착할 수 있대. 곽두기에게 올바른 길을 안내해 줘.

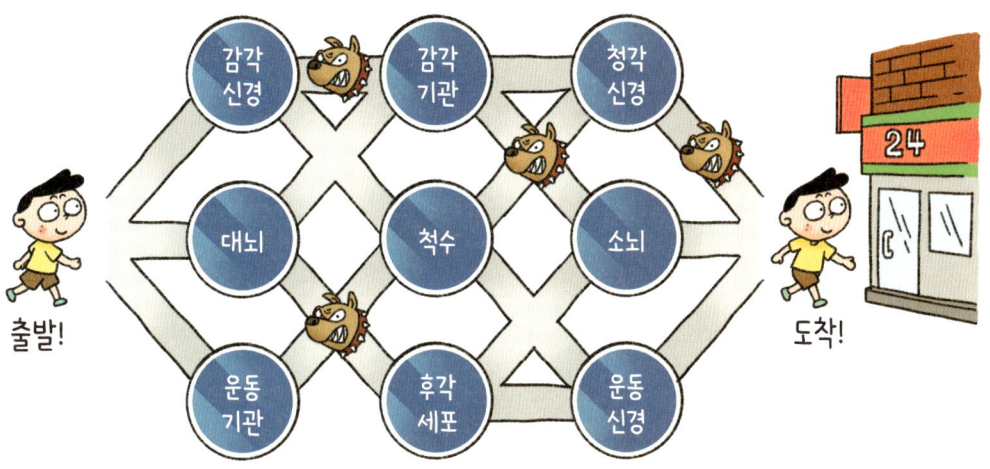

|  |
|---|
| 용선생의 과학 카페 | 용선생의 한국사 카페 | 용선생의 세계사 카페 |

 https://cafe.naver.com/yongyong

## 용선생의 과학 카페

과학계의 핵인싸,
용선생의 과학 카페에
오신 걸 환영합니다.

Log in

MENU
- 물리면 아프다
- 화학이 화하하
- 생물 오징어
- 지구는 둥글다

## 신경계의 진실 혹은 거짓!

사람들 사이에 널리 퍼진 이야기들 중 신경계에 관한 것들도 많아. 그중에는 사실인 것도 있고, 사실이 아닌 것도 있지. 신경계에 대한 오해와 진실을 밝혀 보자!

### 좌뇌형 인간과 우뇌형 인간이 따로 있다?

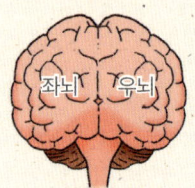 뇌는 왼쪽에 있는 좌뇌, 오른쪽에 있는 우뇌로 나누기도 해. 흔히 좌뇌는 지성, 우뇌는 감성을 담당한다 하여 좌뇌형 인간, 우뇌형 인간이라고 말하기도 하지. 하지만 좌뇌와 우뇌는 가운데 통로로 연결되어 있고, 1초에도 수십 억 개의 신호를 주고받으며 함께 일하고 있어. 따라서 좌뇌형 인간, 우뇌형 인간과 같은 표현은 옳지 않아!

### 척수를 다치면 몸이 마비될 수 있다?

사고를 당해 중추 신경계인 척수를 다치는 경우, 대뇌와 몸을 연결하는 통로가 끊어져. 그러면 자극이 대뇌로 전달되지 않고, 대뇌의 명령 또한 몸으로 전달되지 않아. 따라서 몸의 일부분이 감각을 느끼지 못하거나 움직이지 못하는 마비 현상이 생길 수 있어.

### 척수와 연결되지 않은 감각 신경도 있다?

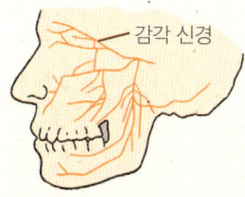
감각 신경

감각 신경은 척수를 통해 뇌로 연결돼. 하지만 얼굴은 등에 있는 척수보다 위에 있지? 얼굴에 있는 감각 신경의 경우, 굳이 얼굴 아래에 있는 척수를 통해 뇌와 연결될 필요가 없어. 뇌가 가까이에 있기 때문이지. 그래서 얼굴에 있는 시각, 후각, 미각, 청각 신경은 척수를 통하지 않고 뇌와 직접 연결되어 있단다.

### 운동 신경이 없는 사람도 있다?

흔히 운동을 잘하지 못하는 사람에게 '운동 신경이 없다'고 말하지만, 이건 틀린 말이야. 운동 신경이 없다면 몸을 전혀 움직이지 못하고 정상적으로 살지 못하거든. 운동을 잘하지 못하는 사람은 '자극이 주어질 때 반응이 느리다'고 말하는 게 맞아. 마찬가지로 운동을 잘하는 사람은 운동 신경이 좋거나 많은 게 아니라 자극이 주어질 때 반응이 빠른 거란다.

---

 장하다의 오답을 피하는 방법

 나선애의 야무진 실험실

 왕수재의 아는 척 과학교실

 허영심의 별 헤는 밤

 곽두기의 빅뱅 따라잡기

**COMMENTS**

- '신경 쓴다'고 할 때의 신경은 무슨 신경이지?
  - 감각 신경?
  - 운동 신경?
  - 에이, 그런 거 너무 신경 쓰지 마!

5교시 | 호르몬

# 밤에 일찍 자야 좋은 까닭은?

침대를 보니까 졸려.

벌써 잘 시간인가? 더 놀고 싶은데…….

장하다가 부루퉁하게 있자 아이들이 물었다.
"하다야, 기분 나쁜 일이라도 있어?"
"응. 아침에 엄마한테 혼났어."
"왜 혼났는데?"
"어제 늦게까지 게임하다가 오늘 늦잠 잤거든."
허영심이 고개를 절레절레 저었다.
"혼날 만했네. 늦어도 밤 열 시 전에 자야 키가 쑥쑥 크는 거 몰라?"
"엄마도 맨날 그렇게 말씀하시던데, 그게 진짜야?"

 ## 호르몬의 정체를 밝혀라!

"그럼! 일찍 자면 몸에서 키를 자라게 하는 호르몬이 잘

나와."

용선생이 슬쩍 다가와 말하자 아이들이 되물었다.

"그래요? 근데 호르몬이 뭐예요?"

"지금부터 차근차근 알아보자. 지난 시간에 우리 몸을 이루는 각 부분은 신경계를 통해 서로 신호를 주고받는다고 했지?"

왕수재가 재빨리 손을 들고 대답했다.

"네, 신경계에서 전기 신호를 전달한다고 하셨어요."

"맞아. 그런데 우리 몸에서는 전기 신호 말고 다른 종류의 신호를 전달하기도 해. 그게 바로 호르몬이야. 호르몬은 몸속에 내보내진 다음 온몸으로 퍼져 나가서 신호를 전달하는 물질이지."

"호르몬이 어떻게 온몸으로 퍼져 나가요?"

"사실 우리 몸에는 신경계처럼 구석구석까지 뻗어 있는 게 하나 더 있어. 바로 혈액이 흐르는 혈관이란다. 호르몬은 혈액에 섞여서 혈관을 통해 온몸으로 퍼져 나가."

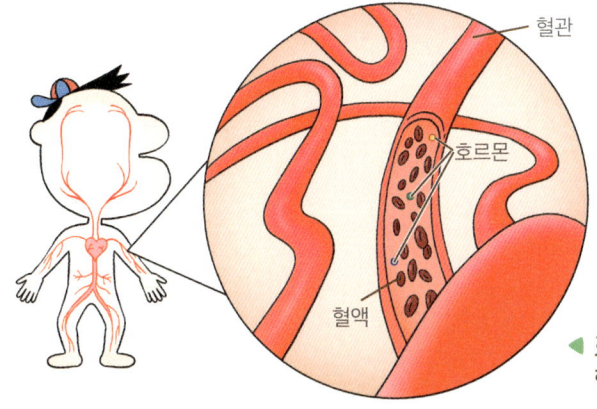

◀ 호르몬은 우리 몸 구석구석 뻗어 있는 혈관을 통해 혈액과 함께 흘러서 퍼져 나가.

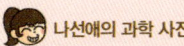

**나선애의 과학 사전**

분비 나눌 분(分) 샘 비(泌). 세포나 샘에서 특정 물질을 내보내는 걸 말해.

**용선생의 과학 현미경**

땀샘이나 눈물샘처럼 관을 따라 몸 바깥쪽으로 물질을 분비하는 곳을 외분비샘이라고 해.

곽두기가 눈을 크게 뜨며 물었다.

"네? 혈액에 호르몬이 섞인다고요?"

"응. 우리 몸은 몸 안팎으로 많은 물질을 내보내는데, 이걸 분비한다고 하지. 분비된 물질 중에 쉽게 볼 수 있는 건 땀이나 눈물이야. 땀과 눈물은 각각 땀샘과 눈물샘에서 분비되어 몸 밖으로 나가지. 그런데 호르몬은 몸 밖이 아니라 몸속 혈액으로 분비되는 물질이야."

"오호, 그런 물질도 있군요."

"호르몬을 만들어 분비하는 곳을 '내분비샘'이라고 해. 내분비샘은 머리, 목, 가슴, 배 등 몸속 여러 곳에 있는데, 저마다 다른 종류의 호르몬을 분비한단다."

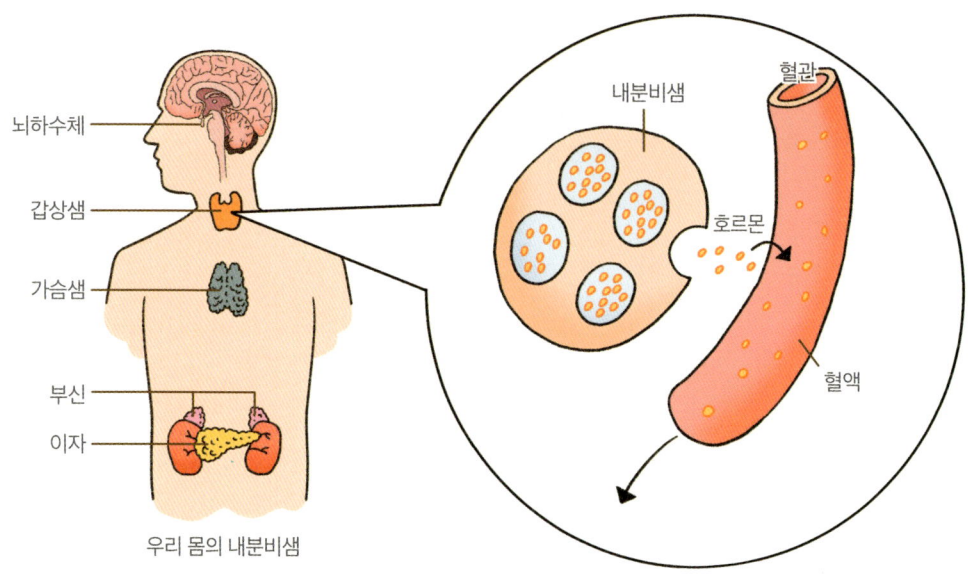

▲ 호르몬은 몸 곳곳에 있는 내분비샘에서 혈액으로 분비돼.

"어떤 호르몬이 있는데요?"

"잠이 오게 하는 호르몬도 있고, 오줌의 양을 조절하는 호르몬도 있지. 지금까지 알려진 호르몬의 종류는 100가지도 넘어."

"네? 혈액에 그렇게 호르몬이 많아요?"

"하하, 호르몬의 종류가 많을 뿐이고 호르몬의 양은 아주 적어."

"얼마나 적은데요?"

"흠, 수영장을 가득 채운 물을 우리 몸에 흐르는 혈액이라고 생각해 봐. 여기에 작은 컵 한 개 정도의 호르몬이 분비되는 거야. 종류에 따라 이보다 훨씬 적은 양이 분비되는 호르몬도 있어. 이 경우 수영장에 아주 작은 이슬 한 방울이 섞인다고 생각하면 돼."

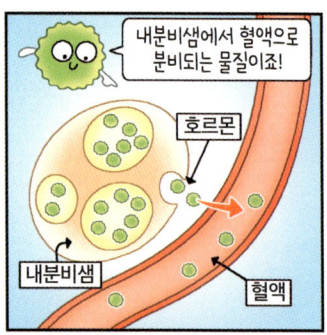

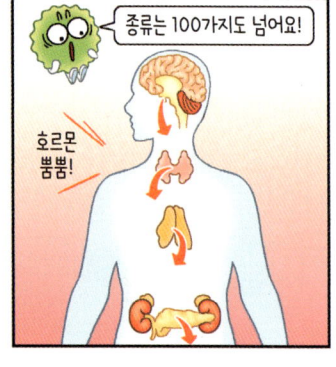

"우아, 정말 적은 양이네요!"

"우리 몸속에 있는 혈액의 양은 수영장에 있는 물보다 훨씬 적어서, 실제 호르몬의 양은 $\frac{1}{10억}$g(그램)도 안 된단다. 이렇게 적은 양의 호르몬이 몸의 각 부분에 신호를 전달하고 있지."

아이들은 고개를 크게 끄덕였다.

>  핵심정리
>
> 호르몬은 내분비샘에서 혈액으로 분비되어 온몸으로 퍼져 신호를 전달하는 물질이야. 몸 곳곳에 있는 내분비샘에서 여러 종류의 호르몬이 분비돼.

 ## 호르몬과 신경계는 어떻게 다를까?

"자, 호르몬과 신경계는 둘 다 신호를 전달하는 일을 하지만 다른 점이 많아. 일단 호르몬은 물질 자체가 신호이지만, 신경계는 뉴런에 전기 신호가 흘러. 신호의 종류가 다른 거야."

"오호, 그거 말고도 다른 점이 또 있어요?"

"그렇고말고. 하나씩 알아볼까?"

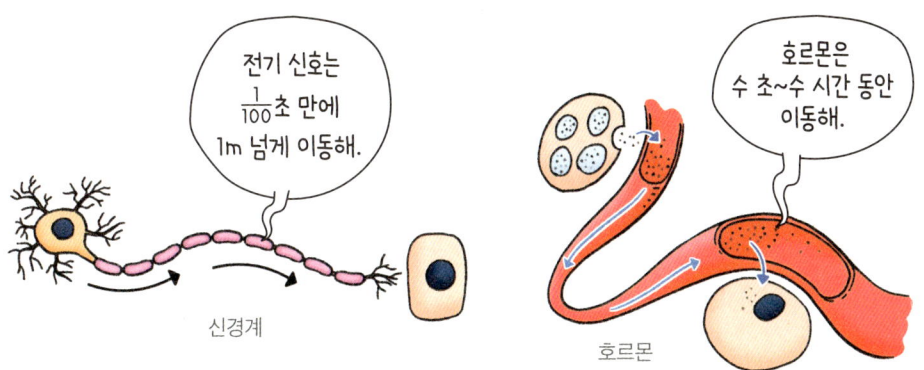

▲ 신경계와 호르몬은 신호를 전달하는 빠르기가 달라.

용선생은 화면을 바꾸며 말을 이었다.

"지난 시간에 무조건 반사는 $\frac{1}{100}$초 만에 일어난다고 했지? 뉴런에서 전기 신호는 $\frac{1}{100}$초 만에 1m도 넘게 움직인단다. 이렇듯 신경계는 신호를 아주 빠르게 전달해. 이에 비해 호르몬은 혈액을 타고 온몸을 도니까 훨씬 느리게 신호를 전달하지."

"아, 신경계는 빠르고, 호르몬은 느리네요?"

"그래. 또 다른 점은 반응이 지속되는 시간이야. 신경계가 전달한 신호는 일시적인 반응을 일으키지. 반면에 호르몬이 전달한 신호는 신경계보다 오래 지속되는 반응을 일으킨단다."

"흠, 그렇군요."

"마지막으로 다른 점이 또 있어. 신경계는 신호를 곧바로 전달하지만, 호르몬은 그렇지 않아. 먼저 신경계는 신

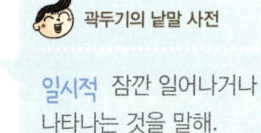

곽두기의 낱말 사전

**일시적** 잠깐 일어나거나 나타나는 것을 말해.

호가 전달되는 곳까지 뉴런이 뻗어 있어서 신호가 그곳으로 곧바로 전달돼. 예를 들어 뇌에서 손가락으로 신호를 보낼 때에는 손가락에 뻗어 있는 신경계로 신호가 전달되어 손가락이 움직이지."

"엥, 그러면 호르몬은 전달하려는 곳으로 곧바로 가지 않나요?"

"응. 호르몬은 곧바로 가지 않고, 혈액에 분비되어 혈액과 섞인 채 온몸을 돌 뿐이야. 호르몬은 종류에 따라 작용할 수 있는 세포나 기관이 따로 있는데, 이걸 '표적 세포', 또는 '표적 기관'이라고 해."

"어? 표적은 총이나 활을 쏘는 목표물이잖아요?"

용선생은 고개를 끄덕이며 화면을 바꿨다.

> **곽두기의 낱말 사전**
>
> **작용** 지을 작(作) 쓸 용(用). 어떠한 현상을 일으키거나 영향을 미치는 것을 말해.

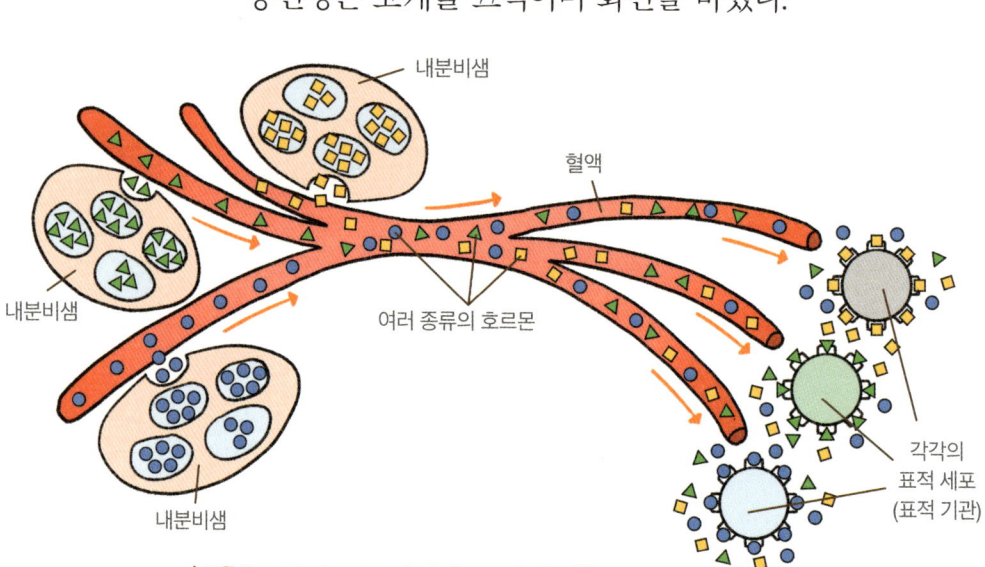

▲ 호르몬은 표적 세포나 표적 기관에서만 받아들여져.

"맞아. 호르몬의 목표물이 바로 표적 세포나 표적 기관이지. 내분비샘에서 분비된 호르몬은 혈액을 따라 돌다가 표적 세포나 표적 기관을 만나. 그러면 이들이 호르몬을 받아들여 반응이 일어나지."

"그럼 표적 세포나 표적 기관이 아니면 호르몬을 받아들이지 못하나요?"

"그렇단다. 호르몬과 신경계는 이렇게 차이는 있지만, 둘 다 우리 몸속에서 신호를 전달하여 여러 가지 반응을 일으키고 있어."

**핵심정리**

신경계는 신호 전달이 빠르고 일시적인 반응을 일으키는 반면, 호르몬은 느리지만 오래 지속되는 반응을 일으켜. 신경계는 신호를 곧바로 전달하고, 호르몬은 혈액을 따라 돌다가 표적 세포나 표적 기관에만 작용해.

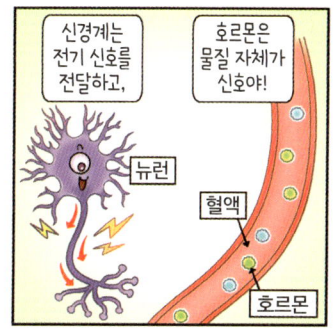

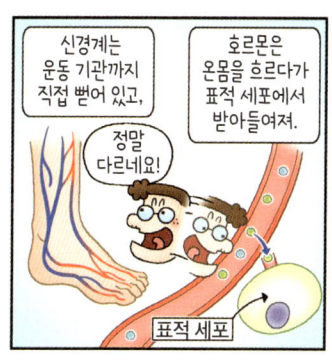

## 호르몬이 하는 일은?

곽두기가 손을 들고 물었다.

"선생님, 실제로 어떤 호르몬이 무슨 일을 하는지 궁금

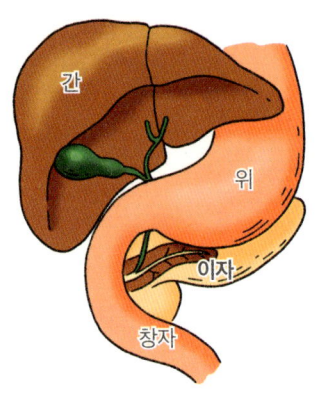

▲ **이자** 위의 뒤쪽에 위치하는 소화 기관이야. 췌장이라고도 불러.

**나선애의 과학 사전**

**포도당** 탄수화물을 구성하는 영양소야. 포도에 든 당분이라 해서 포도당이란 이름이 붙었어.

해요."

"좋아. 그럼 몇 가지 호르몬에 대해 알아보자. 먼저 인슐린이라고 하는 호르몬이 있어. 인슐린은 이자라는 곳에서 분비되는데, 우리 몸에 필요한 에너지와 관련 있지."

"에너지요?"

"응. 우리는 살아가기 위해 여러 가지 생명 활동을 하는데, 그러려면 에너지가 꼭 필요해. 에너지는 몸을 이루는 세포에서 만들어지고, 이때 세포는 영양소를 쓴단다."

"영양소를 써서 에너지를 만드는군요?"

"그렇지. 세포가 에너지를 만들 때 주로 쓰는 영양소는 혈액 속에 있는 포도당이야. 인슐린은 혈액 속에 있는 포도당이 세포로 들어가게 해."

"우아, 인슐린은 무척 중요한 일을 하네요!"

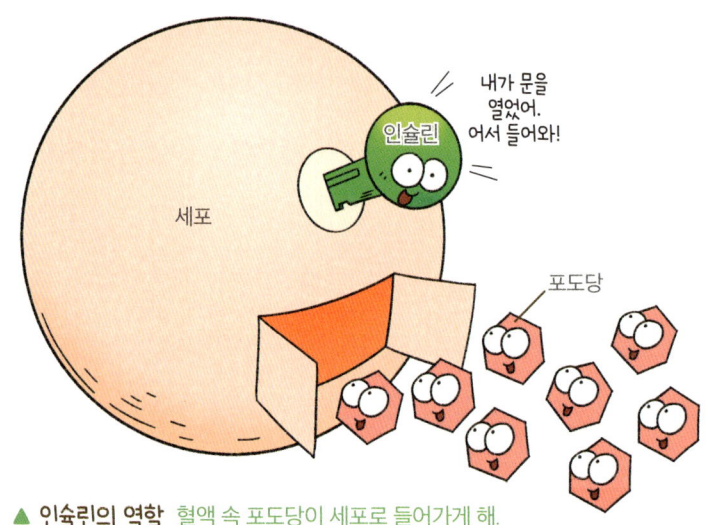

▲ **인슐린의 역할** 혈액 속 포도당이 세포로 들어가게 해.

"그래. 몸에 인슐린이 부족한 사람은 포도당이 세포에 잘 들어가지 못하고 혈액에 남아. 혈액에 포도당이 많아지면 몸에 여러 가지 문제가 생기는데, 이게 바로 당뇨병이란다. 당뇨병이 심한 환자는 주사로 인슐린을 맞아서 부족한 인슐린을 보충해."

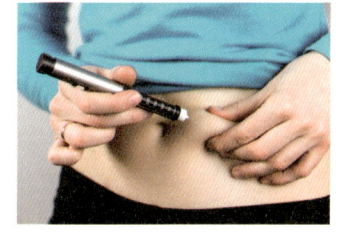
▲ 배에 인슐린 주사를 놓는 당뇨병 환자

왕수재가 고개를 끄덕이며 말했다.

"우아, 호르몬을 보충할 수도 있군요. 근데 아까 오줌의 양을 조절하는 호르몬도 있다고 하셨죠?"

"응. 그건 항이뇨 호르몬이야. 항이뇨 호르몬은 뇌에서 분비되고, 오줌을 만드는 콩팥의 기능을 조절해. 콩팥에서는 항이뇨 호르몬의 신호를 받고 오줌의 양을 줄여."

"오, 신기하네요."

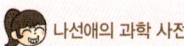 나선애의 과학 사전

항이뇨 막을 항(抗) 통할 이(利) 오줌 뇨(尿). 오줌이 잘 나오지 않게 막는 것을 말해. 이뇨는 오줌이 잘 나오게 하는 것으로, 항이뇨의 반대말이야.

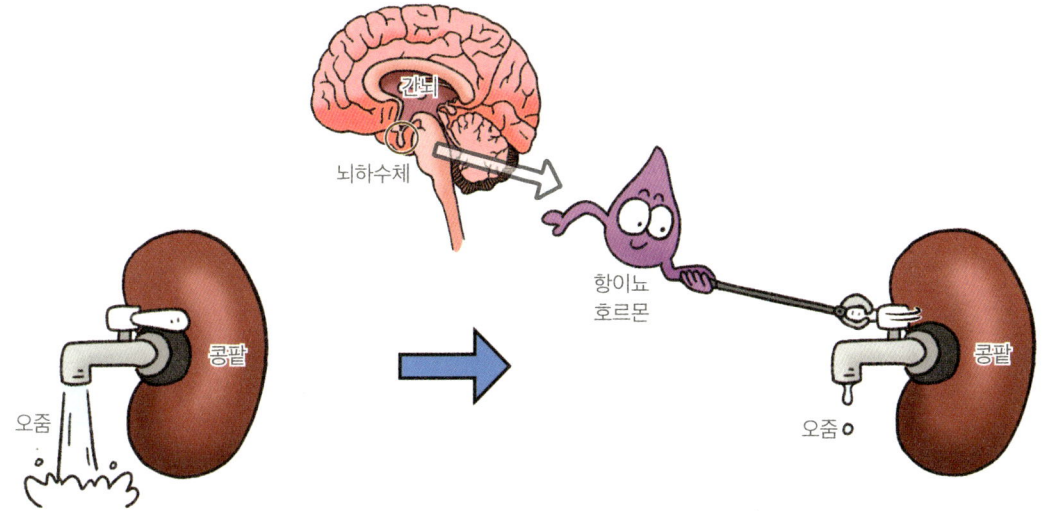
▲ **항이뇨 호르몬의 역할** 간뇌 아래에 있는 뇌하수체라는 내분비샘에서 항이뇨 호르몬이 분비돼. 항이뇨 호르몬은 콩팥에서 만드는 오줌의 양을 조절해.

**용선생의 과학 현미경**

남자는 수염이 자라고, 여자는 월경을 하는 것처럼 남녀의 몸이 다른 것도 호르몬 때문이야. 이걸 성호르몬이라고 해. 남자는 테스토스테론, 여자는 에스트로젠이라는 성호르몬이 많이 분비되지.

**나선애의 과학 사전**

**생장 호르몬** 뇌에서 분비되어 뼈와 근육 등을 자라게 하는 호르몬이야. 흔히 성장 호르몬이라고도 불러.

"이외에도 우리 몸에는 여러 가지 호르몬이 나온단다. 에너지를 많이 만들게 하는 티록신, 잠이 오게 하는 멜라토닌, 스트레스를 받을 때 나오는 코르티솔 같은 호르몬도 있지."

장하다가 불쑥 손을 들고 물었다.

"그럼 일찍 자야 잘 나온다는 호르몬은 도대체 뭔가요?"

"참! 그걸 알아보려고 했었지? 그건 생장 호르몬이라고 해. 생장 호르몬은 너희처럼 한창 자라는 시기에 특히 많이 분비되는데, 몸속 뼈와 근육에 성장하라는 신호를 전달하는 호르몬이야."

"헉, 진짜 그런 호르몬이 있어요?"

"물론이야! 근데 생장 호르몬은 하루 동안 양이 일정하게 분비되는 게 아니야. 주로 깊은 잠에 빠졌을 때 더 많이

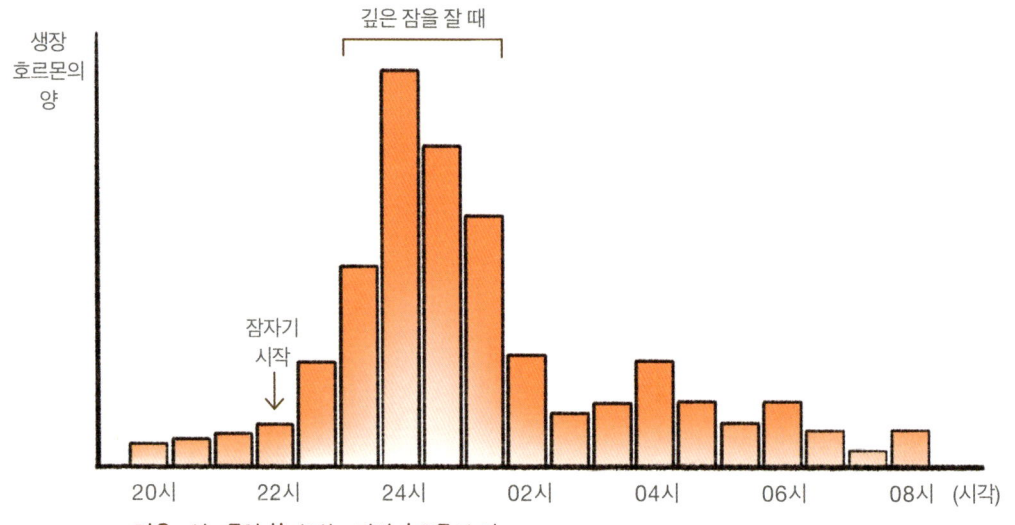

▲ 잠을 자는 동안 분비되는 생장 호르몬의 양

분비된단다."

"깊은 잠에 빠졌을 때 나온다고요? 그럼 꼭 밤 10시에 안 자도 푹 자기만 하면 되겠네요?"

"하하, 생장 호르몬 때문이 아니더라도 너희가 건강하게 자라려면 하루에 열 시간 남짓 잠을 자야 해. 근데 아침에 학교에 오려면 이른 시간에 일어나야 하지? 이런 것까지 따져 보면, 밤 10시 이전에 자는 게 가장 적당하단다."

"쩝, 그렇군요. 역시 엄마 말씀을 잘 들어야겠네요."

"하하, 잘 생각했어. 참고로 생장 호르몬은 운동을 열심히 할 때에도 많이 분비되지."

"오, 운동을 열심히 하는 건 자신 있어요."

장하다가 고개를 끄덕이자 왕수재가 말했다.

"흠, 그럼 공부만큼 운동도 열심히 해야겠네. 우리 나가서 축구하자!"

"왕수재, 네가 웬일이야? 좋았어. 같이 가!"

**핵심정리**

인슐린은 이자에서 분비되고, 혈액 속 포도당이 세포로 들어가게 해. 항이뇨 호르몬은 뇌에서 분비되고, 콩팥에서 만드는 오줌의 양을 조절하지. 생장 호르몬은 뇌에서 분비되고, 몸이 자라게 해.

## 나선애의 정리노트

### 1. 호르몬
① ⓐ [_____] 에서 혈액으로 분비되어 온몸에 퍼져 신호를 전달하는 물질
② 각 호르몬마다 ⓑ [_____] 세포나 표적 기관에만 작용함.
- ⓒ [_____] : 이자에서 분비됨. 세포로 포도당이 들어가게 함.
- 항이뇨 호르몬: 뇌에서 분비됨. 콩팥에서 만드는 오줌의 양을 조절함.
- ⓓ [_____] 호르몬: 뇌에서 분비됨. 뼈와 근육에 성장 신호를 전달함.

### 2. 신경계와 호르몬의 비교

|  | 신경계 | 호르몬 |
|---|---|---|
| 신호의 종류 | 전기 신호 | ⓔ [_____] 으로 분비된 물질 |
| 신호 전달 빠르기 | 매우 빠름. | 비교적 느림. |
| 반응 지속 시간 | 일시적인 반응 | 지속되는 반응 |
| 신호 전달 방법 | 반응 기관으로 신호가 직접 전달됨. | 표적 세포나 표적 기관에서 신호를 받아들임. |

ⓐ 내분비샘 ⓑ 표적 ⓒ 인슐린 ⓓ 성장 ⓔ 혈액

 과학퀴즈 달인을 찾아라!

●정답은 115쪽에

## 01

친구들이 이번 시간에 배운 내용에 대해 이야기하고 있어. 옳으면 O, 옳지 않으면 X를 표시해 줘.

① 호르몬은 아주 적은 양으로도 작용해. (   )
② 인슐린이 많은 사람은 당뇨병에 걸려. (   )
③ 깊은 잠에 들었을 때 생장 호르몬이 많이 분비돼. (   )

## 02

아이들이 용선생의 간식 상자를 발견했는데 비밀번호로 잠겨 있어. 다행히 비밀번호의 힌트를 적어 둔 쪽지가 옆에 놓여 있네. 친구들이 비밀번호를 찾을 수 있게 도와줘.

☐에 들어갈 숫자를 순서대로 누르시오.
[힌트1] 인슐린은 '☐'자라는 곳에서 분비돼.
[힌트2] 뇌에서는 항☐뇨 호르몬이 분비돼.
[힌트3] 콩팥에서 만드는 ☐줌의 양은 호르몬에 의해 조절돼.

```
1 2 3
4 5 6
7 8 9
* 0 #
```

👍 알았다! 암호는 ☐☐☐!

| 용선생의 과학 카페 | 용선생의 한국사 카페 | 용선생의 세계사 카페 |

https://cafe.naver.com/yongyong

### 용선생의 과학 카페

과학계의 핵인싸,
용선생의 과학 카페에
오신 걸 환영합니다.

Log in

**MENU**

물리면 아프다
화학이 화하하
생물 오징어
지구는 둥글다

## 환경 호르몬이란?

너희들 환경 호르몬이라는 말을 들어본 적 있니? 환경 호르몬은 우리 몸에 해로워서 그 위험성을 걱정하는 뉴스가 종종 나오지. 그런데 환경 호르몬은 우리 몸에서 만드는 호르몬이 아니라는 사실! 그럼 정체가 뭐냐고?

환경 호르몬이란 몸 밖에서 우리 몸에 들어온 물질로, 우리 몸에 잘못된 반응을 일으키는 물질을 말해. 환경 호르몬은 우리 몸 안에서 진짜 호르몬과 비슷하게 작용하지. 호르몬을 받아들이는 표적 세포나 표적 기관은 진짜 호르몬과 비슷한 환경 호르몬도 받아들이거든. 이때 환경 호르몬을 받아들인 세포는 반응을 과하게 일으키거나 아예 일으키지 못해. 한마디로 환경 호르몬은 진짜 호르몬과 비슷하게 작용하는 가짜 호르몬인 셈이지.

환경 호르몬이 잘못된 반응을 일으키면 우리 몸의 기능에 문제가 생겨. 특히 몸집이 작고, 한창 자라고 있는 어린이는 어른에 비해 환경 호르몬의 영향을 훨씬 많이 받는단다.

대표적인 환경 호르몬으로 비스페놀에이(BPA)라는 물질이 있어. 비스페놀에이는 플라스틱으로 된 그릇 표면에 흔히 있지. 이 물질은 여성의 신체적 특징을 나타나게 하는 성호르몬인 에스트로젠과 비슷한 작용을 일으켜. 이밖에도 다이옥신, 파라벤, 프탈레이트 같은 환경 호르몬도 있어. 이런 환경 호르몬은 아토피, 알레르기는 물론 암 같은 질병을 일으키고, 심지어 아이를 갖지 못하게 되는 불임도 일으킨단다.

▲ 'BPA FREE'라는 표시는 비스페놀에이를 사용하지 않은 제품이라는 뜻이야.

환경 호르몬의 영향을 덜 받으려면, 되도록 플라스틱이나 비닐 랩으로 된 제품, 일회용품 사용을 줄이는 게 좋아. 또 플라스틱으로 된 장난감이나 학용품을 쓴 다음에는 반드시 손을 닦고 음식물을 먹도록 해!

▲ 플라스틱으로 된 일회용 컵과 그릇

- 장하다의 오답을 피하는 방법
- 나선애의 야무진 실험실
- 왕수재의 아는 척 과학교실
- 허영심의 별 헤는 밤
- 곽두기의 빅뱅 따라잡기

### COMMENTS

- 일회용품은 환경오염도 일으키고, 몸에도 안 좋네.
  - 나는 요즘 빈 그릇을 가게에 가져가서 음식을 담아 와.
  - 난 그냥 배에 담아 와!

**6교시 | 항상성**

# 더울 때 땀이 나는 까닭은?

열심히 달리는 중!

더워서 땀이 줄줄 나!

　　장하다가 땀을 뻘뻘 흘리며 과학실로 뛰어들어왔다.
　　"너 왜 이렇게 늦게 와?"
　　"헉헉. 그게, 축구하다가 수업 있는 걸 깜빡했어. 으아, 더워."
허영심이 얼굴을 찌푸리며 말했다.
"어휴, 땀 냄새 엄청 난다."
"쳇. 더워도 땀이 안 나면 좋을 텐데……."
장하다의 말에 왕수재가 거들며 나섰다.
"그러게. 난 여름이 싫어. 여름엔 가만히 있어도 너무 덥고 땀이 줄줄 나잖아."
용선생이 아이들에게 다가오며 말했다.
"더울 때 땀이 나는 데에는 다 이유가 있단다."
"그래요? 그게 뭔데요?"

## 체온을 어떻게 조절할까?

"보통 날이 더울 때 땀이 많이 나지? 날이 더우면 체온도 올라가. 체온은 이렇게 오르내리기도 하지만 대체로 36~37℃(섭씨도) 정도로 거의 일정하게 유지되고 있어."

장하다가 땀을 닦으며 말했다.

"체온이 그보다 높거나 낮으면 안 되나요?"

"응. 우리가 살아가려면 몸에 있는 수많은 물질이 각자 정해진 역할을 해야 해. 체온이 36~37℃ 정도일 때에는 우리 몸에 있는 물질들이 정상적으로 제 역할을 하지. 그런데 체온이 이보다 높거나 낮으면 물질들의 성질이 변해서 정해진 역할을 제대로 하지 못한단다."

"아, 그렇군요."

"그래서 바깥 기온이 높거나 운동을 해서 체온이 올라가면 우리 몸은 체온을 내리려고 하지. 반대로 바깥 기온이 낮아서 체온이 내려가면 우리 몸은 체온을 올리려고 하고."

그러자 허영심이 물었다.

"근데 우리 몸이 체온을 어떻게 올리고 내리는 거죠?"

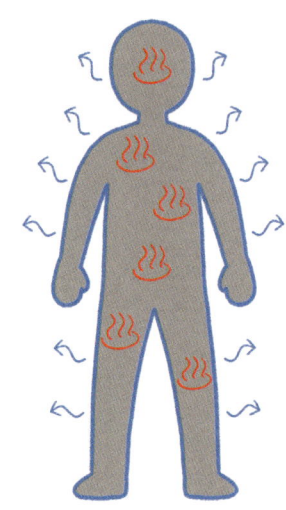

▲ 우리 몸에서 생기는 열과 빠져나가는 열

"몸에서 생기는 열과 피부에서 빠져나가는 열의 양을 조절하면 돼. 우리 몸은 항상 에너지를 만들고 있고, 에너지를 만들 때 열이 생겨. 몸에서 생긴 열은 피부를 통해 계속 몸 밖으로 빠져 나가지. 먼저 체온이 정상보다 높아졌을 때 어떻게 온도를 내리는지 살펴볼까?"

용선생은 화면을 띄웠다.

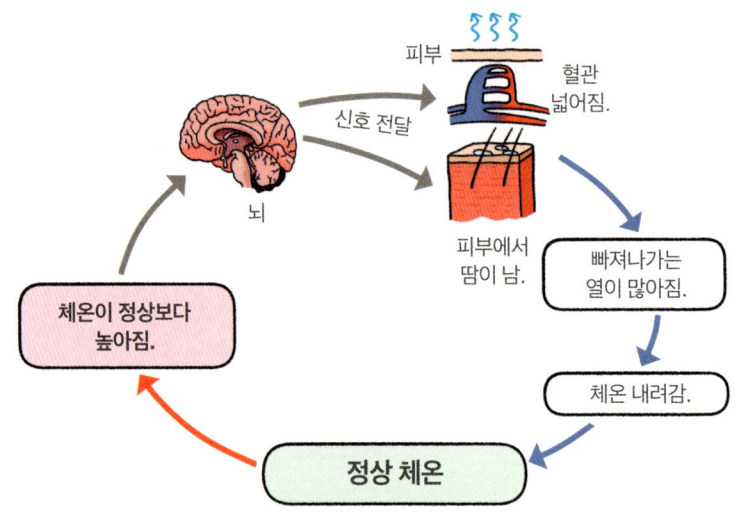

▲ 체온이 정상보다 높아졌을 때 조절 과정

 용선생의 과학 현미경

뇌 중에서 간뇌가 신호를 보내 체온을 조절해.

"체온이 정상보다 높아졌을 때, 뇌는 신경계를 통해 신호를 보내 피부에서 땀을 많이 나게 해. 땀이 피부 표면에서 마르면서 몸의 열을 빼앗아 가. 그럼 빠져나가는 열의 양이 많아지고 체온이 내려가 정상 체온이 되지."

"아항, 그래서 더울 때 땀이 나는 거였군요!"

"응. 또 뇌의 신호를 받은 피부에서는 근처 혈관을 넓어지게 해. 그러면 넓어진 혈관으로 혈액이 더 많이 흐르면서 피부로 더 많은 열이 빠져나가. 이때에도 마찬가지로 빠져나가는 열이 많아져서 체온이 내려가지."

"정상보다 높았던 체온이 내려가서 정상이 되는군요."

용선생은 고개를 끄덕이며 화면을 바꿨다.

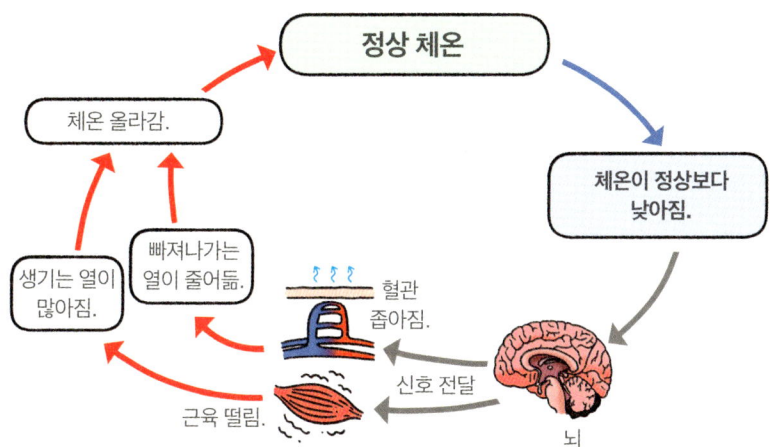

▲ 체온이 정상보다 낮아졌을 때 조절 과정

"추울 땐 그 반대 현상이 일어나. 체온이 정상보다 낮아지면, 뇌의 신호를 받은 피부 근처 혈관이 좁아져. 그래서 혈액이 덜 흐르고 빠져나가는 열도 줄어들지. 또 근육이 저절로 움직여 떨리는데, 이때 근육에서 열이 많이 생겨. 빠져나가는 열은 줄고 생기는 열이 많아졌으니 자연히 체온이 올라가서 정상 체온이 돼."

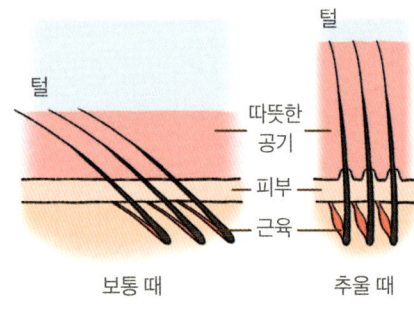

보통 때 / 추울 때

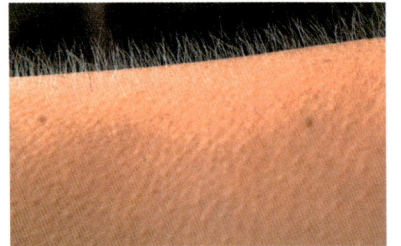

▲ **팔에 돋은 소름** 추울 때 소름이 돋으면 털이 똑바로 세워져서 피부가 열을 덜 빼앗겨.

"오호, 추울 때 몸이 저절로 오들오들 떨리는 게 다 그래서였네요!"

"그렇지. 또 추울 때 피부에 소름이 돋은 적 있지? 소름은 피부에 나 있는 털 주변 근육이 쪼그라들어서 털이 똑바로 세워진 거야. 털이 똑바로 세워지면 털 주변의 따뜻한 공기가 두터워져서 피부가 열을 덜 빼앗기지."

"우아, 소름 돋는 것도 체온을 유지하기 위해서라니!"

"하하, 그럼 체온이 어떻게 조절되는지 정리해서 살펴볼까? 화면을 보렴."

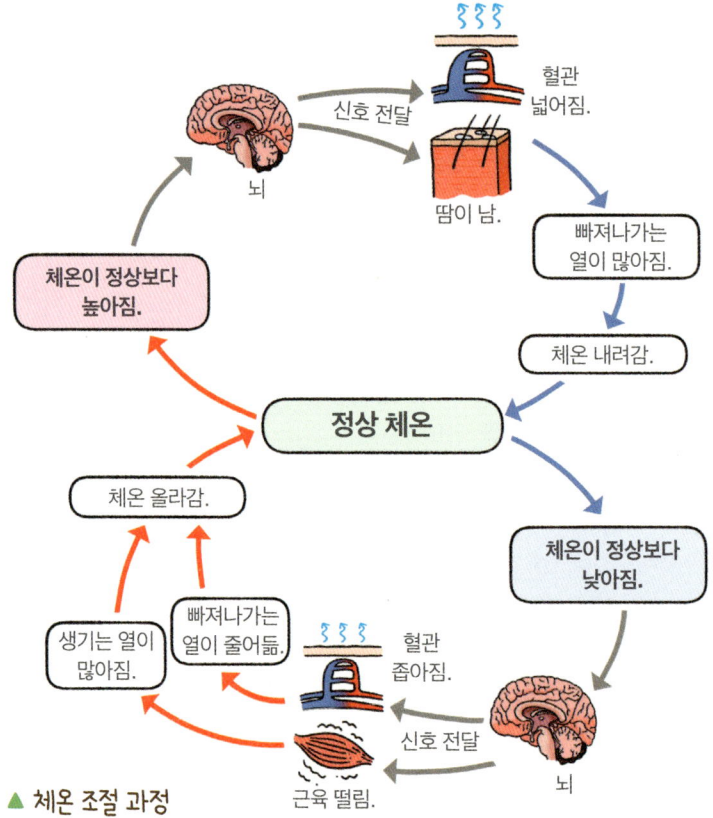

▲ 체온 조절 과정

100  6교시 | 항상성

"아, 정상 체온을 벗어나면 뇌가 신호를 보내 체온을 올리거나 내려서 정상 체온으로 돌아오네요."

"그렇단다. 이처럼 우리 몸은 몸 안팎의 환경이 변해도 몸 상태를 일정하게 유지하려는 성질이 있어. 이걸 '항상성'이라고 해."

장하다가 웃으며 말했다.

"아, 항상 그 상태를 유지하니까요? 큭큭."

"하하, 그런 셈이지."

**핵심정리**

체온은 뇌의 조절에 의해 일정하게 유지돼. 이렇게 몸 안팎의 환경이 변해도 몸 상태를 일정하게 유지하려는 성질을 항상성이라고 해.

## 혈액 속 포도당의 양을 조절하려면?

"선생님, 체온 말고 우리 몸에서 일정하게 유지되는 게 또 있나요?"

"있고말고! 지난 시간에 몸에서 에너지를 만드는 데 혈액 속 포도당이 쓰인다고 했지? 혈액 속에 있는 포도당의

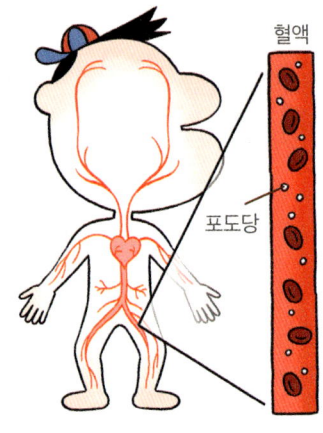

양을 '혈당량'이라고 해. 혈당량도 체온처럼 일정하게 유지되는 것이 중요하단다."

"오호, 혈당량도 정상보다 높거나 낮으면 몸에 문제가 생기나요?"

"맞아. 우리 몸에서 계속 에너지를 만들려면 세포에 포도당이 끊임없이 공급되어야 해. 만약 혈당량이 낮으면 세포에 공급되는 포도당이 부족해서 제대로 에너지를 만들지 못하겠지? 반대로 혈당량이 정상보다 높으면 지난 시간에 배운 것처럼 당뇨병에 걸리지."

허영심이 이마를 찡그리며 말했다.

"근데 혈당량이 왜 변하나요? 안 변하면 문제가 없을 텐데요."

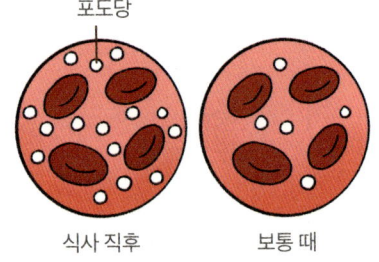

▲ 혈당량의 변화

"좋은 질문이야. 음식을 먹고 소화하면 혈액으로 포도당이 흡수되어 혈당량이 높아져. 반대로 음식을 먹지 않으면 혈당량은 낮아지지. 특히 운동을 해서 에너지를 많이 쓰면 혈당량은 급격히 낮아지고."

"그렇군요. 그럼 혈당량은 어떻게 일정하게 유지돼요?"

"두 종류의 호르몬이 작용하여 조절해. 하나는 인슐린이고, 다른 하나는 글루카곤이야. 둘 다 이자에서 분비되는 호르몬이지."

나선애가 노트를 넘기며 말했다.

"인슐린은 지난 시간에 배웠어요."

"잘 기억하고 있네. 인슐린은 혈액 속 포도당이 세포로 들어가게 하는 호르몬으로, 혈당량을 낮아지게 해. 세포뿐만 아니라 간에서도 인슐린의 신호를 받아. 혈액 속에 포도당이 많을 때, 간은 인슐린의 신호를 받아 포도당으로 글리코젠을 만들어. 그러니까 인슐린은 혈당량을 낮아지게 하여 정상 혈당량이 되도록 조절한단다."

> 나선애의 과학 사전
>
> **글리코젠** 수많은 포도당이 복잡하게 연결된 탄수화물로, 주로 동물의 간이나 근육에 저장되어 있어.

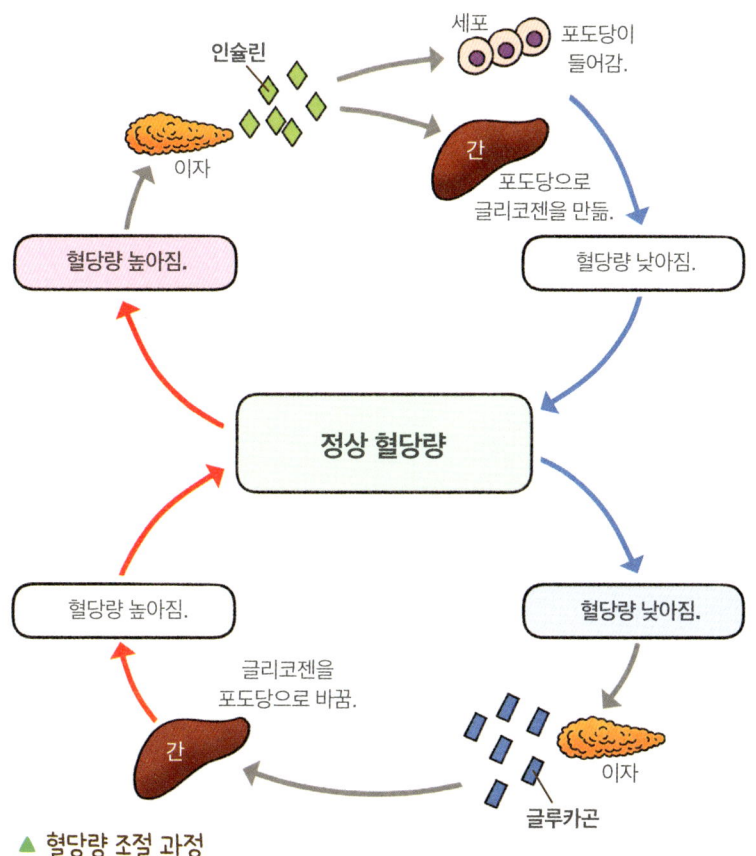

▲ 혈당량 조절 과정

"그러면 글루카곤은요?"

"인슐린과 반대라고 생각하면 돼. 혈당량이 낮아지면 이자에서 분비된 글루카곤이 간에 신호를 보내. 글루카곤의 신호를 받은 간에서는 글리코젠을 다시 포도당으로 바꿔 혈액으로 내보내지. 그래서 혈당량이 높아져."

"오호, 인슐린이랑 글루카곤이 번갈아 작용하여 혈당량이 일정하게 유지되는 거네요."

왕수재가 말하자 용선생이 엄지를 척 들어 보였다.

우리 몸의 혈당량은 이자에서 분비되는 인슐린과 글루카곤이 작용하여 일정하게 유지돼.

 **왜 몸속 수분량을 유지해야 할까?**

"항상성에 의해 일정하게 유지되는 건 체온과 혈당량뿐만이 아니야. 몸속 수분량도 일정하게 유지된단다."

"몸속 수분량? 그게 뭔데요?"

"몸속 수분량은 몸에 있는 물의 양이야. 너희들 몸무게의 $\frac{2}{3}$ 정도가 몸에 있는 물의 무게라는 거 아니?"

"헉, 몸에 물이 그렇게나 많아요?"

"그래. 몸에 물이 있어야 생명 활동이 정상적으로 일어나거든. 몸을 이루는 세포는 물론이고, 세포와 세포 사이 공간까지 체액으로 채워져 있는데, 체액은 주로 물로 이루어져 있지."

곽두기가 손을 들고 물었다.

"근데 몸속 수분량이 변하면 어떻게 되나요?"

"몸속 수분량이 늘어나면 세포에 물이 들어와서 부풀어 오를 수 있어. 반대로 몸속 수분량이 줄어들면 세포에서 물이 빠져나가서 세포가 쪼그라들지. 이렇게 세포가 부풀거나 쪼그라들면 생명 활동이 제대로 일어나지 못해."

"헉! 생명 활동이 제대로 일어나려면 몸속 수분량을 일정하게 유지해야겠네요. 그건 어떻게 조절해요?"

> **나선애의 과학 사전**
>
> **체액** 몸 체(體) 즙 액(液). 동물의 몸 안에 있는 액체를 말해. 세포 안을 채우고 있는 세포액, 혈관을 흐르는 혈액, 뇌와 척수 주변에 있는 뇌척수액 등이 있어.

몸속 수분량이 늘어나면 세포에 물이 들어와서 세포가 부풀어.

몸속 수분량이 적당하면 세포도 정상이야.

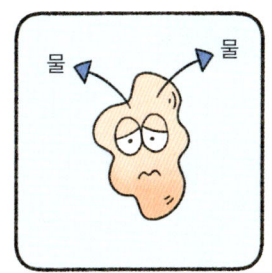

몸속 수분량이 줄어들면 세포에서 물이 빠져나가서 세포가 쪼그라들어.

▲ 몸속 수분량이 적절해야 정상적인 생명 활동이 일어나.

"지난 시간에 배운 항이뇨 호르몬이 작용해 몸속 수분량이 일정하게 유지된단다."

"항이뇨 호르몬이요? 그럼 오줌하고 관련 있나요?"

"그래, 하나씩 생각해 보자. 아까 장하다가 땀을 많이 흘렸지? 그럼 몸속 수분량은 늘었을까 아니면 줄었을까?"

"땀이 빠져나가서 몸속 수분량이 줄었어요!"

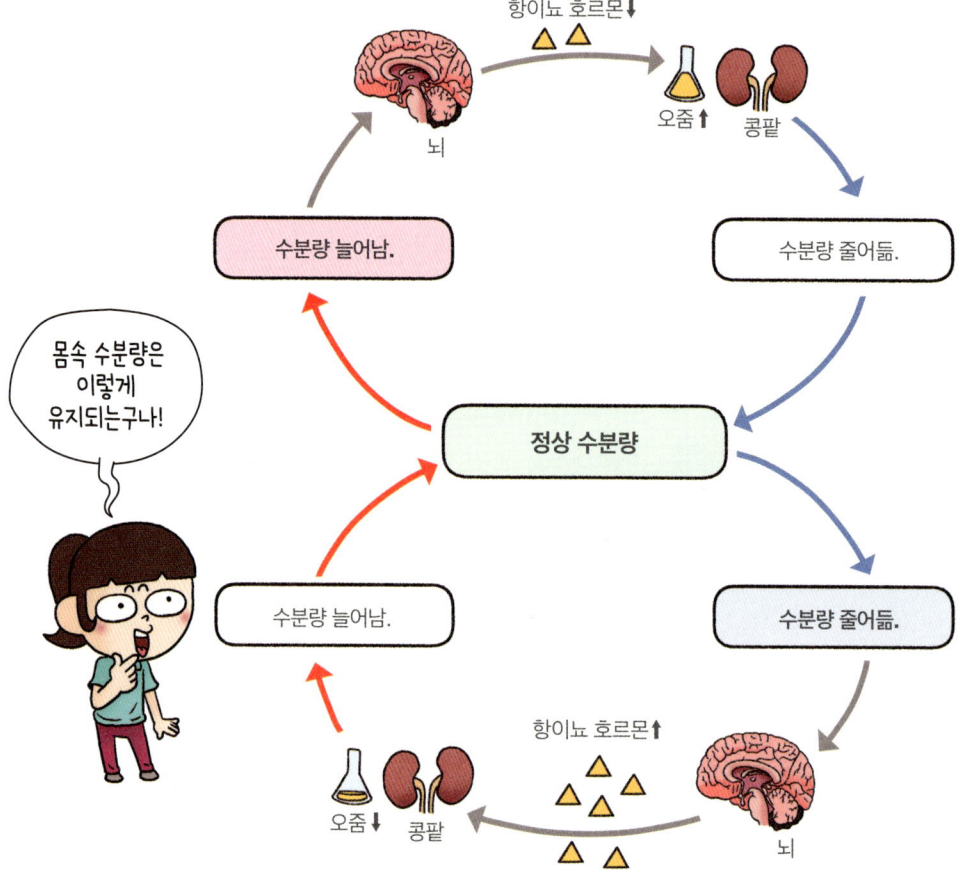

▲ 몸속 수분량 조절 과정

"그래. 몸속 수분량이 줄어들면 뇌에서 항이뇨 호르몬이 많이 분비돼. 항이뇨 호르몬의 신호를 받은 콩팥은 오줌을 적게 만들어. 그 결과 몸속 수분량이 늘어나서 정상이 돼."

"그럼 땀을 많이 흘리면 오줌이 줄겠네요?"

"맞아. 반대로 물을 많이 마셔서 몸속 수분량이 늘어나면 뇌에서 분비되는 항이뇨 호르몬 양이 줄어들어. 그럼 어떻게 될까?"

"콩팥에서 오줌을 많이 만들겠죠."

"그렇지. 오줌이 빠져나가 몸속 수분량이 줄어들면서 정상이 되는 거야."

"아하, 그래서 수박을 많이 먹고 나면 자꾸 오줌 누러 가게 되는 거네요."

"빙고! 우리 몸은 신경계와 호르몬의 조절 작용으로 항상성을 유지하고 있다는 걸 꼭 기억하렴. 그럼 간식으로 수박을 먹으면서 항상성을 직접 확인해 볼까?"

"선생님, 최고에요!"

### 핵심정리

우리 몸은 정상적인 생명 활동을 일으키기 위해 몸속 수분량을 일정하게 유지하고 있어. 몸속 수분량은 항이뇨 호르몬에 의해 조절돼.

# 나선애의 정리노트

## 1. 항상성
① 우리 몸 안팎의 환경이 변해도 몸 상태를 일정하게 유지하려는 성질
② 신경계와 ⓐ _____ 에 의해 조절됨.

## 2. 항상성 조절의 예
① 체온: 신경계에 의해 조절됨.
- 체온 올라감. → ⓑ _____ 이 남. → 열이 빠져나감. → 정상 체온
- 체온 내려감. → 근육이 떨림. → 열이 생김. → 정상 체온

② 혈당량: 호르몬에 의해 조절됨.
- 혈당량 높아짐. → ⓒ _____ 분비 → 세포로 포도당 들어감, 간에서 포도당으로 글리코젠 만듦. → 정상 혈당량
- 혈당량 낮아짐. → ⓓ _____ 분비 → 간에서 글리코젠을 포도당으로 바꿈. → 정상 혈당량

③ 몸속 수분량: 호르몬에 의해 조절됨.
- 수분량 늘어남. → 항이뇨 호르몬 줄어듦. → 오줌 양 많아짐.
  → 정상 수분량
- 수분량 줄어듦. → 항이뇨 호르몬 늘어남. → 오줌 양 줄어듦.
  → 정상 수분량

정답 ⓐ 호르몬 ⓑ 땀 ⓒ 인슐린 ⓓ 글루카곤

 # 과학퀴즈 달인을 찾아라!

●정답은 115쪽에

## 01

친구들이 이번 시간에 배운 내용에 대해 이야기하고 있어. 옳으면 O, 옳지 않으면 X를 표시해 줘.

① 추울 때에는 몸이 덜덜 떨리며 열이 더 생겨. (　　)
② 밥을 먹고 나면 혈당량이 올라가. (　　)
③ 땀을 흘리면 몸속 수분량이 늘어나. (　　)

## 02

다음 보기 의 빈칸에 들어갈 낱말들이 아래 네모칸에 숨어 있어. 가로, 세로, 또는 대각선으로 연결해서 알맞은 낱말을 찾아봐.

보기
① 혈액 속에 있는 포도당의 양을 ☐☐☐이라고 해.
② 간은 ☐☐☐의 신호를 받아 포도당을 글리코젠으로 저장해.
③ 몸속 ☐☐☐이 적어지면 세포에서 물이 빠져나가.

| 혈 | 마 | 시 | 장 |
| 천 | 당 | 계 | 인 |
| 수 | 분 | 량 | 술 |
| 국 | 수 | 기 | 린 |

# 가로세로 퀴즈

자극과 반응에 관한 가로세로 퀴즈야. 빈칸을 채워 봐.
띄어쓰기는 무시해도 돼.

### 가로 열쇠

① 소리가 귓구멍을 지나 도착하는 얇은 막
② 피부에서 통증, 누르는 힘, 접촉, 차가움, 따뜻함 같은 자극을 받아들이는 곳
③ 뇌에서 행동을 결정하고, 말을 하거나 기억을 하는 활동을 일으키는 부분
④ 전달받은 자극을 판단하여 명령을 내리는 뉴런
⑤ 오줌의 양을 조절하는 호르몬
⑥ 귀에서 몸이 회전하는 자극을 받아들이는 곳
⑦ 뇌와 몸 사이를 연결하는 통로로, 척추 안에 있는 중추 신경계

### 세로 열쇠

❶ 눈에서 가장 앞쪽에 있는 투명한 막
❷ 코에서 기체 물질을 자극으로 받아들여 느끼는 감각
❸ 감각 신경을 이루는 뉴런
❹ 뇌에서 체온을 일정하게 유지하도록 조절하는 부분
❺ 몸속 뼈와 근육에 성장하라는 신호를 전달하는 호르몬
❻ 대뇌의 명령을 받지 않고 빠르게 일어나는 반응
❼ 우리 몸 안팎의 환경이 변해도 몸 상태를 일정하게 유지하려는 성질
❽ 뇌에서 심장, 폐, 위 같은 내장 활동을 조절하여 생명을 유지하는 부분

●정답은 115쪽에

# 교과서 속으로

> 초등 6학년 2학기 과학 | 우리 몸의 구조와 기능

## 우리 몸은 자극을 어떻게 느낄까?

- **감각 기관**
    - 주변으로부터 주어진 자극을 느끼고 받아들이는 기관을 말한다.
- **여러 가지 감각 기관**
    - 눈: 주변의 물체를 본다.
    - 귀: 소리를 듣는다.
    - 코와 혀: 코로 냄새를 맡고, 혀로 맛을 본다.
    - 피부: 온도와 접촉을 느낀다.

 귀는 몸이 회전하거나 기울어지는 것도 느껴!

> 초등 6학년 2학기 과학 | 우리 몸의 구조와 기능

## 우리 몸은 자극에 어떻게 반응할까?

- **신경계**
    - 감각 기관이 받아들인 자극을 전달한다.
    - 전달된 자극을 판단하여 행동을 결정한다.
    - 운동 기관에 명령을 내린다.
- **자극이 전달되고 반응하는 과정**
    - 자극 → 감각 기관 → 자극을 전달하는 신경계 → 행동을 결정하는 신경계 → 명령을 전달하는 신경계 → 운동 기관 → 반응

 행동을 결정하는 신경계가 바로 중추 신경계야!

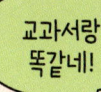

| 중 3학년 과학 | 자극과 반응 |

## 신경계

- **뉴런**
  - 신경계는 전기 신호를 전달하는 세포인 뉴런으로 이루어져 있다.
  - 감각 뉴런, 연합 뉴런, 운동 뉴런으로 구분된다.
- **신경계의 구조**
  - 중추 신경계: 뇌와 척수로 이루어져 있으며, 자극을 느끼고 판단하여 적절한 신호를 보낸다.
  - 말초 신경계: 감각 신경과 운동 신경으로 이루어져 있으며, 중추 신경계와 온몸을 연결한다.

 뇌에는 대뇌, 소뇌, 간뇌 등 여러 부분이 있어!

| 중 3학년 과학 | 자극과 반응 |

## 호르몬과 항상성

- **호르몬**
  - 내분비샘에서 분비되어 표적 세포나 표적 기관에 신호를 전달하여 몸의 기능을 조절하는 물질
    - 뇌: 생장 호르몬 분비
    - 이자: 인슐린과 글루카곤 분비
- **항상성**
  - 몸 안팎의 환경이 변해도 적절하게 반응하여 몸의 상태를 일정하게 유지하는 성질
  - 신경계와 호르몬의 작용으로 유지된다.

 중학교에서 배울 걸 미리 알아버렸어!

## 찾아보기

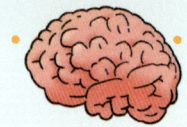

각막 14-17, 19, 22
간뇌 55-58, 87, 98
감각 기관 13, 16, 22, 29, 31, 34, 38, 53, 57-58, 63, 66-68, 72
감각 뉴런 53-54, 58, 63, 65, 72
감각 신경 63-69, 71-72, 75
감각점 39-42
고막 35-36, 42
귓속뼈 35-36, 42
글루카곤 102-104, 108
글리코젠 103-104, 108
내분비샘 80, 82, 84-85, 87, 90
뇌 18-20, 22, 25, 30-33, 35-37, 42, 48-49, 54-58, 63-64, 74-75, 84, 87-90, 98-101, 105-107
뇌하수체 80, 87
뉴런 49-55, 58, 63, 82-85
달팽이관 35-38, 42
대뇌 55-58, 66-72, 74
동공 15-16, 20-22, 70
말초 신경계 53-54, 58, 63-65, 68, 72
맛봉오리 32, 42, 45
맛세포 32, 41-42
망막 14, 16-19, 22, 24-25
맹점 24-25
무조건 반사 69-72, 83
미각 31-33, 41-42, 75
반고리관 37-38
상 17, 19, 24-25

생장 호르몬 88-90
성호르몬 88, 93
소뇌 55-58
수분량 104-108
수정체 14, 16-17, 19, 22
시각 14, 17-20, 22, 24, 30, 49, 63, 75
신경계 49, 51-52, 54, 56, 58, 63, 74, 79, 82-85, 90, 98, 107-108
연수 55-58, 68, 70, 72
연합 뉴런 53-55, 57-58, 63
운동 뉴런 53-54, 58, 63-65, 72
운동 신경 63-69, 71-72, 75
유리체 14, 16-17, 19, 22
인슐린 86-87, 89-90, 102-104, 108
전기 신호 51-52, 58, 79, 82-83, 85, 90
전정 기관 37-38
중간뇌 55-58, 68, 70, 72
중추 신경계 53-58, 63-66, 68, 74
진동 34-36, 38, 42
척수 56-58, 63-64, 66-72, 74-75, 105
청각 34-36, 38, 42, 75
체온 55-56, 97-102, 104, 108
평형 감각 37-38, 42
포도당 86-87, 89-90, 101-104, 108
피부 감각 39-42

항상성 101, 104, 107-108
항이뇨 호르몬 87, 89-90, 106-108
혈당량 102-104, 108
호르몬 78-90, 92, 102-104, 107-108
홍채 14-16, 21-22
환경 호르몬 92-93
후각 29-31, 33, 42, 63, 75

114

# 퀴즈 정답

## 1교시

**01**  ① X  ② X  ③ O

**02**
> [보기]
> 빛은 눈 가장 앞쪽에 있는 ( 각막 )을 지나,
> 홍채 한가운데 있는 ( 동공 )으로 들어와.
> ( 수정체 )에서 꺾인 빛은 유리체를 통과하여
> ( 망막 )에 상으로 맺히지.

## 2교시

**01**  ① O  ② O  ③ X

**02**

### 3교시

**01**  ① X  ② O  ③ O

**02**
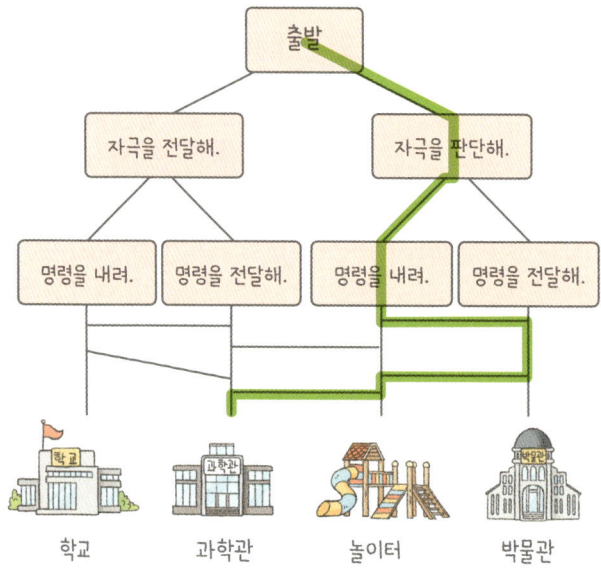

### 4교시

**01**  ① O  ② X  ③ X

**02**
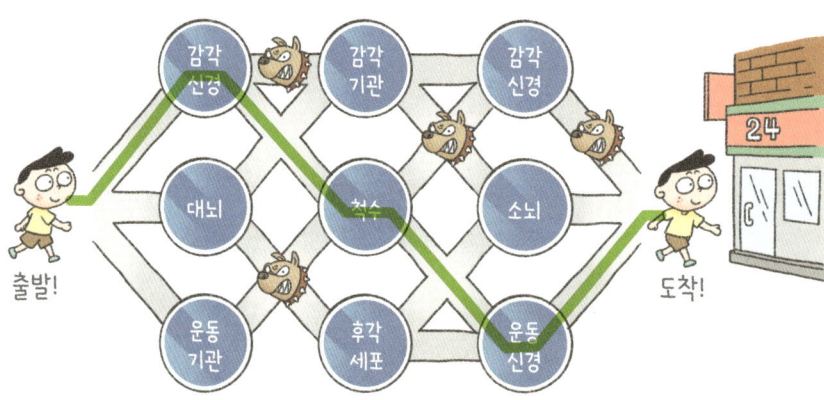

**5교시**

**01** ① O  ② X  ③ O

**02**
> □에 들어갈 숫자를 순서대로 누르시오.
> [힌트1] 인슐린은 이자라는 곳에서 분비돼.
> [힌트2] 뇌에서는 항이뇨 호르몬이 분비돼.
> [힌트3] 콩팥에서 만드는 오줌의 양은 호르몬에 의해 조절돼.

👍 알았다! 암호는 이 이 오 !
　　　　　　　　(2) (2) (5)

**6교시**

**01** ① O  ② O  ③ X

**02**
> [보기]
> ① 혈액 속에 있는 포도당의 양을 혈 당 량 이라고 해.
> ② 간은 인 슐 린 의 신호를 받아 포도당을 글리코젠으로 저장해.
> ③ 몸속 수 분 량 이 달라지면 체액의 농도가 달라져.

# 가로세로 퀴즈

|   | ❶각 |   | ❷후 |   |   |   |   |
|---|---|---|---|---|---|---|---|
| ①고 | 막 |   | ❷❸감 | 각 | 점 |   | ❹간 |   | ❺생 |
|   |   |   | 각 |   |   | ③대 | 뇌 |   | 장 |
|   | ❹연 | 합 | 뉴 | 런 |   |   |   |   | 호 |
|   |   |   | 런 |   |   |   |   |   | 르 |
| ❻무 |   |   | ❺❼항 | 이 | 뇨 | 호 | 르 | 몬 |
| 조 |   |   | 상 |   |   |   |   |   |
| 건 |   |   | 성 |   |   |   |   |   |
| ⑥반 | 고 | 리 | 관 |   |   |   | ❽연 |
| 사 |   |   |   |   |   | ⑦척 | 수 |

### 일러두기
- 맞춤법과 띄어쓰기는 국립국어원에서 펴낸 《표준국어대사전》을 따랐습니다.
- 과학 용어 표기는 《2015 개정 교육과정에 따른 교과용도서 개발을 위한 편수자료Ⅲ 기초과학, 정보 편》을 따랐습니다.
- 이 책에 실린 사진은 저작권자로부터 사용 허가를 받았습니다. 저작권자와 접촉하기 위해 최선을 다했으나 불가피한 사정으로 사용 허가를 받지 못한 일부 사진에 대해서는 저작권자와 연락이 닿는 대로 게재 허락을 받고 사용료를 지불하겠습니다.
- 이 책에 실린 그림의 저작권은 별도의 표기가 없는 한 사회평론에 있습니다.

### 사진 제공
20쪽: 포토마토 | 46-47쪽: deniska_ua(셔터스톡) | 51쪽: Enricobagnoli(wikimedia commons_CC4.0) | 55쪽: Martin Broz(Alamy Stock Photo) | 그 외: 셔터스톡

### 용선생의 시끌벅적 과학교실 | 자극과 반응

| | |
|---|---|
| 1판 1쇄 발행 | 2022년 3월 29일 |
| 1판 4쇄 발행 | 2025년 1월 6일 |
| | |
| 글 | 설정민, 김형진, 이명화 |
| 그림 | 조현상(매드푸딩스튜디오), 김지희, 전성연 |
| 감수 | 박재근 |
| 캐릭터 | 이우일 |
| | |
| 어린이사업본부 | 이승필 |
| 책임편집 | 이건혁 |
| 편집 | 정세민, 이명화, 홍지예, 김미화, 최예리, 윤성진 |
| 마케팅 | 윤영채, 정하연, 안은지, 박찬수 |
| 경영지원본부 | 나연희, 주광근, 오민정, 정민희, 김수아, 김승현 |
| 아트디렉터 | 강찬규 |
| 디자인 | 디자인서가 |
| 사진 | 포토마토 |
| | |
| 펴낸이 | 윤철호 |
| 펴낸곳 | (주)사회평론 |
| 전화 | 02-326-1182 |
| 팩스 | 02-326-1626 |
| 주소 | 03993 서울시 마포구 월드컵북로6길 56 사평빌딩 |
| 출판등록 | 1993년 10월 6일 제 10-876호 |

ⓒ 사회평론, 2022

ISBN 979-11-6273-208-3 73400

- 이 책 내용의 일부나 전부를 다시 사용하려면 저작권자와 사회평론의 동의를 받아야 합니다.
- 잘못 만들어진 책은 바꾸어 드립니다.

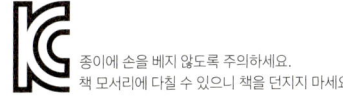

종이에 손을 베지 않도록 주의하세요.
책 모서리에 다칠 수 있으니 책을 던지지 마세요.